政治家失格——なぜ日本の政治はダメなのか◎目次

第二章　人かシステムか

はじめに

政治不信

政治不信の極みである。

特に自民《じみん》党の政権担当能力に、国民の多くが大きな疑問を持つようになった。にもかかわらず、麻生太郎《あそうたろう》首相は衆院解散・総選挙時期を遅らせ、政権にしがみついているかのようだ。一方、民主《みんしゅ》党は、政権を奪うためなら何でもあり、とにかく自民、公明《こうめい》党政権を追い詰め、衆院解散に追い込むことだけを考えている。民主党は国民の政権交代願望を受けて帆をいっぱいに膨らませているけれども、民主党そのものに対する期待ではなく、自民党ではない政党を探すと民主党が最も有力な受け皿となっているにすぎない。

自民、民主両党の二大政党時代を迎えているのに、両党にうんざりしているというのが政治に対する国民の正直な思いなのではないか。

私は全国を講演して回るなかで、参加者の多くから、政治への怒りの声を受けるようになった。また、知人との会話でも、私が政治のことを何でも知っていると思われ、政治に対する不満をぶつけられている。

「自民党も民主党もお互いに非難し合ってばかりだ。相手の政党の揚げ足を取っているだけで、共通の政策を見いだそうとしない。どちらの政党を支持するにしても、自民党の政策に全部賛成、民主党の政策に全部賛成なんてことはない。国民から見れば、それぞれの政党の政策のある部分が良いというのにすぎないのに、政党は一致点を見いだそうとはしない。すべて『ねじれ国会』のせいにして何も決められない」

「政治家は自分を守るために、汲々《きゅうきゅう》としているとしか見えない。政治家が日本をどんな国にしたいのか。政治家の本気さが、まったく感じられない」

「『最近の政治はまったく……』というボヤキは今に始まったことではありませんが、『日本の将来は本当に大丈夫なのか？』と危機意識さえ感じています。与党と野党は国策の内容で議論があってしかるべきで、それに基づいた批判であれば、私も聞いていられるのですが、今の状況は誹謗《ひぼう》中傷ばかりで、子供のケンカと何ら変わりない……」

「政治を批判すると決まって『その政治家を選んだのは国民なのだから、国民にも責任がある』と言われますが、自分が選びたい政治家がまったくいない場合はどうすればよいのでしょうか？　選挙に行かないことで自分の意思を示しても実際に行われる政治にはまったく反映されませんからね……。総選挙前にどの政治家に投票すべきか、教えて頂きたい気分です……」

「政治のスピードがあまりに遅すぎる。年金記録問題も景気対策も、なにもかも対応が後手だ。はじめはいつも『大したことではない』と鈍い反応しか示さない。いよいよ大ごとだとわかると、右往左往しはじめる。気がついたときには事態はより深刻で、とりかえしがつかないことになっている」

「常々、子どもたちには、『責任を持って行動するように』と教えている。しかし、安倍《あべ》さん、福田《ふくだ》さんがあんな簡単に首相の職を投げ出し、小沢《おざわ》さんが『プッツンした』と言って代表辞任を表明した理由を説明するのを見せられたら、子どもたちには何も教えられない。日本を代表する政党のトップがあの体《てい》たらくでは、子どもたちに、『キレるな』とか『投げ出すな』と言えないではないか」

　政治不信に満ち満ちているといっても過言ではないだろう。朝日《あさひ》新聞が二〇〇八年一月末から三月初めにかけて郵送で実施した「政治・社会意識基本調査」で、国民生活に密接な関係があり、「信用」が欠かせないと思われるもの十二項目を選び、信用度がどれくらいあるか聞いた（二〇〇八年三月二十一日朝刊に掲載）。すると、家族、天気予報、新聞、科学技術、医者、裁判、テレビ、警察、教師が上位に並び、これらは「信用している」「ある程度信用している」の合計が六〇パーセントを超えた。ところが、政治家、官僚を「信用している」のは、「ある程度」を含め、一八パーセントにすぎなかった。それは宗教の三一パーセントよりも低い、最低のランクである。ちなみに、政治家、官僚を「信用していない」「あまり信用していない」の合計はいずれも八〇パーセントに達した。

比較できるデータはないが、国家を中心で動かす政治家や官僚に対して、こんなに不信感を抱いた時代はなかったのではないか。一方、米国では情熱と理念を併せ持ち、国民の心に染みるように語り掛けるオバマ大統領が二〇〇九年一月、就任した。「自民食堂」「民主食堂」しか知らなかったのに、海の向こうに魅力的なレストランが出現した。これを見て、日本政治に対する変化への渇望がさらに強まった。

政権投げ出し

足掛け六年にわたって首相をつとめた小泉純一郎《こいずみじゅんいちろう》のあとをうけた安倍晋三《あべしんぞう》首相は二〇〇七（平成十九）年九月、就任からわずか一年で政権を放り出した。

退陣の約一ヵ月半前、安倍率いる自民党は、参議院議員選挙で歴史的大敗を喫し、連立を組む公明党と合わせても大きく過半数割れした。これによって、参議院は民主党など野党が多数を占めて主導権を握り、衆議院は自民、公明両党が三分の二の圧倒的多数を持つ、衆参で多数党が異なる「ねじれ」が生じた。

安倍は初の戦後生まれ、五十二歳で首相に就任し、その期待から発足直後の内閣支持率は小泉、細川《ほそかわ》両内閣に次ぐ、高水準だった。しかし、発足二ヵ月後に郵政造反組の復党を容認し、〇六年暮れには佐田玄一郎《さたげんいちろう》行政改革担当相が事務所経費の不適切な処理の責任を取って辞任したのが政権弱体化の始まりだった。〇七年になると、柳沢伯夫《やなぎさわはくお》厚生労働相の「女性は産む機械」発言、松岡利勝《まつおかとしかつ》農水相の自殺、久間章生《きゅうまふみお》防衛相の辞任、「バンソウコウ王子」赤城徳彦《あかぎのりひこ》農水相の事務所経費問題と、閣僚の失言や不祥事は、とどまるところを知らなかった。

政権不信を決定づけたのが〇七年二月に発覚した年金記録漏れ問題だった。自分たちが納めた年金の記録が無くなっていて、その分の年金が給付されないというのでは、国民が政府を信用しなくなるのは当たり前だろう。年金記録漏れは一九六四年ごろから起きていたことが確認されている。安倍内閣で起こった問題ではないのだが、発覚した時点の内閣が責任を取らなければならないのは当然のことだ。しかし、対応が再三再四、後手に回り、国民の政権に対する不信が一気に高まった。

選挙前にこれだけ政府不信が高まったのでは、与党は勝てない。参議院選惨敗でも続投を表明していた安倍だったが、内閣改造から約半月後の九月十二日、所信表明演説の直後、各党代表質問の直前という最悪のタイミングであっけなく辞任を表明する。

安倍は退陣表明でその理由を「今の状況で、なかなか国民の支持、信頼の上において力強く政策を前に進めていくことは困難な状況である。ここは自らがけじめをつけることによって局面を打開しなければいけない、そう判断するに至った」と語った。海上自衛隊がインド洋で給油活動を行う根拠となっているテロ対策特別措置法の期限切れが迫っていた。安倍は延長に向けて、小沢一郎《おざわいちろう》民主党代表に党首会談を申し入れたが、小沢から断られたことを明かし、退任を小沢のせいにした。

しかし、野党は、「日本の総理として恥ずかしい」（民主党・鳩山由紀夫幹事長）、「しょせんは坊ちゃんだった」（同・菅直人代表代行）と呆《あき》れ返り、新聞も「政権放り出し」（朝日新聞）、「投げ出し」（毎日新聞）と書いた。

退陣表明から四カ月が経過した〇八年一月、安倍は『文藝春秋《ぶんげいしゅんじゅう》』二月号に「わが告白 総理辞任の真相」を寄稿した。この中で、退陣を決断した当時、「ウィルス性の大腸炎」に罹《かか》り、持病で厚生労働省が特定疾患に指定している難病「潰瘍《かいよう》性大腸炎」再発の可能性が高まっていた状況を縷々《るる》説明している。

病気だったのだから、急な辞任もやむを得なかったとしよう。しかし、とりあえず緊急入院して様子を見るとか、その間に首相臨時代理を置くとか、リスクをマネジメントする策がなかったのか。内閣法制局の見解、本人の真情はある程度理解できるが、最も重要なことは国民がなるほどそれならやむを得ないと納得するかどうかだ。こういうときの危機管理ができなくなっている自民党に、政権担当能力の欠如を感じてしまうのである。

「総理をやっているのは責任感、使命感だけなんだよ」

安倍の政権投げ出しの記憶がまだ新しい、わずか一年後の二〇〇八年九月一日、同じような光景が再現される。安倍のあとに首相となった福田《ふくだ》康夫《やすお》が、再び突然辞任した。

「先の国会では、民主党が重要案件の対応に応じず、国会の駆け引きで審議引き延ばしや審議拒否を行った。その結果、決めるべきことがなかなか決まらない。そういう事態が生じたほか、何を決めるにも、とにかく時間がかかった」

福田は、「ねじれ国会」で国会運営が困難になっていることを辞任の理由にあげている。そして、小沢一郎に対しては、

「話し合いをしたいと思っても、それを受け付けてもらえなかったということが何回もございましたし、与党の出す法案には真っ向反対。それも重要法案に限って真っ向反対というようなことで、聞く耳持たずということは何回もございました。私は小沢代表に申し上げたいのは、国のためにどうしたらいいかということ。これは虚心坦懐《たんかい》、胸襟を開いて話し合いをする機会がもっとあったらばよかった。そういう機会を持ちたかったということを申し上げたい」

と恨み言を口にした。

その後取材すると、福田は衆院を解散し、総選挙を戦う自民党総裁は自分ではない、当時人気があった麻生太郎だろうと早くから胸の内で決め、退陣時期を探っていた。そうしたところに、民主党が代表選が終わるまで国会審議に応じないと表明したために九月上、

中旬にぽっかりと政治日程が空いた、しかも公明党が協力しなくなっている——などを考え、福田は計りに計ったタイミングで辞任したのだった。

しかし、九月一日午後九時半からの緊急記者会見では、その真意は伝わらず、最後の記者団の質問に「他人事のようにというふうにあなたはおっしゃったけれども、私は自分自身を客観的に見ることはできるんです。あなたと違うんです！」とムッとなって答える場面だけが繰り返し伝えられた。このために、二代続けての、首相の政権投げ出し——という印象を強く与え、その結果、国民の誰もが信じられない思いを抱いた。

安倍や福田には、首相の重責に堪え、かつ何としても使命を果たそうとする執念が感じられなかった。

かつて大平正芳《おおひらまさよし》首相は言った。

「私に辞めろと言うことは死ねというようなものだ」

橋本龍太郎《はしもとりゅうたろう》は、首相退陣後にこう語っている。

「辞めたいと思ったことはあるよ、なんべんもあるよ。それは、某夜ひそかに思うことで、翌日朝には顔に出さないようにしていた。キレかけて、ぶん投げてやったらお前ら拾えるかという気持ちになることは絶対にある。それを一度も感じていなかった人がいたら、すごい人だ。しかし、総理になったら責任感なんだよ。投げ出したい、投げ出したら後の人が困る、その両方がない交ぜになる」

戦後歴代三位の約五年五カ月間、首相に在任した小泉純一郎が、

「総理をやっているのは責任感、使命感だけなんだよ」

とポツリと漏らすのを聞いたことがある。彼らには、自ら政権を投げ出すという発想自体、存在しなかった。

福田のあと総理に就いたのは麻生だった。

マンガ愛読者で、独特のキャラクターを持つ麻生は、内閣発足当初はそこそこの人気を集めた。しかし、政権誕生からわずか三カ月で、内閣支持率は一六・七パーセント（不支持率は六四・七パーセント）と、危機ラインと目される二割を切った（時事通信調査）。二〇〇八年十一月に「定額給付金」をめぐる発言のぶれ、「踏襲」を「ふしゅう」と読むなど漢字が読めない「KY」、道路特定財源に関する発言の迷走、それに「医師に社会的常識がかなり欠落している人が多い」などの失言が相次いで起き、首相の威厳が一挙に下がった。

歴代内閣で支持率が急落した場面ではたいていが閣僚、党幹部のスキャンダル、失政が

原因だった。しかし、麻生内閣の支持率急落はすべて首相が発した言葉による。

総理は代表取締役社長

かつて日本は、「経済は一流、政治は三流」といわれた。日本は経済がしっかりしているから、政治は三流でもやっていけるという意味である。

しかし今や、政治は経済に直結し、政治の失敗は直接国民にふりかかるようになってしまった。

麻生太郎は「経済の麻生」を標榜《ひょうぼう》して、自民党総裁選に勝利した。元経営者であり、ポートフォリオも読めるなど、自分が自民党でいちばん経済に明るいとアピールした。自民党員たちも「選挙の顔」だけでなく「経済の麻生」を買って、総裁に選んだはずだった。

国家を会社にたとえるなら、総理は代表取締役社長であり、株主に対して配当を出さなくてはならない。

そのためには、総理大臣は経営者と同じように、「情報収集と分析」、「統治（ガバナンス）」、「対策」の、三つの能力が必要とされる。

麻生内閣の「情報収集と分析」は、成功しているだろうか。

二〇〇八（平成二十）年九月十五日、アメリカの大手証券リーマン・ブラザーズの破綻が、世界的大恐慌の引き金をひいた。

しかし日本政府は、世界経済が悪化しても、日本はそれほど傷んでいないという認識だった。日本の金融機関は不良債権処理を終え欧米に比べ財務内容が健全であるのに加え、中国、ロシア、中東などにまだまだ需要があると考えた。アメリカの景気後退で日本の輸出産業はダメージを受けるだろうが、壊滅的影響はないと考えた。つまり、日本経済は堅調を保てるという認識だったのである。

ところが年明けを待たず、早くも十二月の段階で、日本の企業は相当なダメージを受けることがわかってきた。トヨタまでもが赤字に転落することがわかった。ここにきて初めて、政府としても、日本経済が相当に傷んでいることをようやく自覚したのだった。

経済産業省をはじめ数多くの専門機関を抱えておきながら、現状認識はきちんと果たされていなかった。世界バブル崩壊で世界の金融当局は「戦時体制」に移行しているのに、日本だけが「平時」のままだった。麻生は就任後間もなく「法律改正が必要になる以外の対策すべてを官邸に上げろ」と指令し、株式の空売り監視強化などを指示した。それでも、ヘッジファンドの思うがままにされ、日経平均で二千円の株安となる数十兆円の損失を招いた。

政治が招いた大損失だった。

ふたつ目の「統治（ガバナンス）」という面ではどうか。

企業統治の考え方でいえば、意思決定がはっきりとなされたところで、会社の方針を世間に公表するのが常識である。ところが麻生内閣は、定額給付金問題で、まだ生煮えの段階で発表を行い、内部的にも対外的にも大混乱を起こした。まだ取締役会で決まっていない案件を、いきなり社外に発表してしまったようなものだった。麻生内閣のガバナンスには大きな疑問符がつけられ、首相のリーダーシップの欠如を知らしめる結果となった。

「対策」はなされているか。

ガバナンスがうまく機能していない結果、不況対策は小出しで場当たり的なものに終始する。二〇〇八年度の第二次補正予算案提出も年明けに持ち越された。

日々、企業倒産は増え続け、雇用は収縮している。派遣切りに代表される失業者は増加の一途をたどっている。国民の生活は、待ったなしで悪化しているのだ。このようなときにこそ、「現状はこのようになっている。政府としてはこういう対策を打つが、そのためには、国民にもこれだけの痛みを背負ってもらう。しかしここを耐え抜けば突破口がある」といった説明をするのがトップの役目のはずだ。

麻生内閣の支持率が二割を切るのは、当然の帰結だった。会社でたとえれば、株主は、社長の経営を二十点以下と採点しているのだ。

もはや、政治は三流でかまわないとは言えなくなった。政治の無策は、そのまま国民の「かまど」と財布を直撃する。政治を、厳しい目で見直さなくてはいけない時代になったのである。

政治記者三十年

私が政治記者になったのは、一九七九（昭和五十四）年のことである。内閣記者会（首相官邸記者クラブ）に配属され、大平正芳の総理番になったのがスタートだった。総理番は、共同《きようどう》通信と時事《じじ》通信の記者一人ずつ、計二人で担当する。朝、世田谷《せたがや》区瀬田《せた》の大平の自宅まで行き、番車（総理番専用車）に乗って総理を追いかけ、大平の動静を一日中すべてチェックする。そして夜、大平が自宅に帰り、就寝したところで仕事は終わる。

時事通信に入社してから政治部に配属されるまでは、経済部と浦和《うらわ》支局で勤務していた。しかし私の場合は、通常の異動とは色合いが異なっていた。というのも、入社三年目の時点で、私は会社を訴えたのである。「原告・田﨑史郎、被告・時事通信」という裁判を、三年三カ月行った。

訴えの内容は、不当労働行為である。当時、私は少数派の組合に属していて、地方支局への配転は組合つぶしであり、元の経済部へ戻すようにと主張していた。

会社を訴えていたが、支局での仕事はふつうどおりに続けていた。私がちょうど浦和支局勤務のとき、衆議院選挙と参議院選挙の、ふたつの国政選挙が行われた。私は、埼玉県選出の国会議員と、全候補者に会おうと思い立ち、取材した。候補者プロフィールと選挙情勢を丹念に取材し、本社の政治部選挙班に上げた。そのとき政治部のほうで、「見どころのある奴が浦和にいる」と目を止めてくれたようだった。

会社とは、私が政治部に異動するという内容で和解した。会社内で問題児だった私をどこの部署も敬遠したが、政治部が引き取る形となった。

しかし、政治記者としてやっていける自信はあまりなかった。埼玉から東京に向かって電車が荒川《あらかわ》をわたるとき、大変緊張したのをおぼえている。

浦和支局時代、何度か政治部記者が取材にやって来たのを見ていた。彼らは政治家と友だちのように付き合い、そして態度が大きかった。自分がそのような記者になれるとは、とうてい思えなかった。知人に出した異動の挨拶の手紙には、「魑魅魍魎《ちみもうりよう》が跋扈《ばつこ》する世界に飛び込みます」と書いたほどだった。

田中派担当

総理の番記者をしながら、三木《みき》派のサブにもついた。サブとは、派閥担当の手伝いである。

七九年九月、大平は衆院解散を断行するものの、十月の総選挙で敗北した。すると福田赳夫《ふくだたけお》は、中曽根康弘《なかそねやすひろ》、三木武夫《みきたけお》らと組んで、「自民党をよくする会」を結成し、大平に退陣を迫った。先にふれた大平の「私に辞めろと言うことは死ねというようなものだ」は、そのときの台詞《せりふ》である。そしてついに、首相指名選挙に、自民党から大平と福田の二人が立候補するという異常事態となった。結果は大平が十七票差で逃げきったが、その後も党内抗争は続く。通常、自民党三役人事は閣僚人事より先に行われるものだが、三役が決まったのは内閣発足の一週間後だった。三役決定の日が衆議院選の投開票日から四十日目だったことから、この自民党の政争は「四十日抗争」と呼ばれた。

来る日も来る日も、党内抗争の取材で、心の底からくたびれた。しかし、最初に三木派という少数派閥を担当できたのは幸運だった。最初から大派閥の担当になっていたら、なんでも大派閥の思いどおりになると誤解していただろう。このときの経験が、後年、少数派閥の気持ちを理解するのに大変役立った。

その後、新自由《しんじゆう》クラブ担当や外務省記者クラブを経て、一九八二（昭和五十七）年四月から平河《ひらかわ》（自民党担当）記者クラブで田中《たなか》派担当となる。

田中派は自民党最大派閥で、当時は、田中角栄《たなかかくえい》元首相の絶頂期だった。しかし田中派は、入り込みにくく、派閥の動きがなかなかつかめなかった。

田中に食い込むにはどうすればよいか。まず、側《そば》に仕える早坂茂三《はやさかしげぞう》秘書の信頼を得ようと考えた。はじめて早坂に話しかけたとき、早坂の答えは、

「ネクタイがゆるんでる」

二度目に話しかけたときは、

「おい、たばこの灰が落ちる」

よく考えてみればどちらも早坂自身の癖の話であって、自分の欠点を相手に言っているだけだった。まともに相手にしてもらえなかった。だが、三度目から会話が成り立つようになった。以来、どんなにとっつきにくい取材対象でも、どうしても取材しなければなら

ない人なら三回は会おうと心に決めた。

　派閥の事務総長である小沢辰男《おざわたつお》は、田中の話を直接聞く立場にあった。しかし小沢は、読売《よみうり》新聞、ＮＨＫ、ＴＢＳに完全に囲い込まれていて、私の入り込む隙などなかった。

　そこで私は、毎晩、小沢辰男の自宅に夜回りした。夜回りしたからといっても会えるわけではないから、「今日お会いできなくて残念でした」と書いた名刺を、郵便受けに一週間入れ続けた。すると相手が音《ね》を上げて、「じゃあ、来いよ」と言ってくれるようになった。

　田中が我々との懇談で言っていた言葉がある。

「汗も流さん、努力もしない者が当選してくるのがおかしい。選挙は戦争だ――。寝ているイノシシの周りを百回も回りゃ目を回すよ」

　努力もしないで取材対象と親しくなれるわけがない、取材は戦争だ。田中の言葉は、記者の仕事にも通じるだろう。

　これが、私が駆け出し政治記者だったころの風景である。以来、田中、竹下《たけした》、橋本派を中心に取材を続け、政治記者として三十年を過ごすことになった。以後、金丸信《かねまるしん》、梶山静《かじやませい》六《ろく》、小沢一郎らと深くつきあっていくことになる。

人かシステムか

「自分でつくったものでない分、いざとなったらわりと簡単に捨てることができる」

小沢一郎に、二世議員のプラスマイナスについて尋ねたとき、返ってきた言葉である。

安倍晋三も福田康夫も世襲議員である。彼らがいともあっさり政権を投げ出せたのには、世襲議員の持っている性質も強く影響しているに違いない。

しかし、政治家の世襲が悪であると簡単に決めつけることはできない。衆議院議員の三分の一が世襲であり、世襲を否定すれば現在の日本の政治は成り立たなくなる。三世議員の小泉純一郎も、自らの後継として次男・進次郎《しんじろう》を指名した。

職業選択の自由があって、誰でも立候補することができる。世襲であろうとなかろうと、立候補して選挙で当選すれば議員となる。つまり世襲を認めるかどうかは、最終的には有権者の判断だ。

また、政治家が引退、あるいは死亡したあとに血縁の者が後を継ぐほうが、後援会組織などがまとまりやすいという現実的な事情もある。

だが、世襲議員には「地盤、看板、カバン」が最初からそろっている。他の社会をあまり知らず、地を這《は》いずって、ようやく赤じゅうたんを踏む苦労を味わっていない。安倍や福田の退陣はどこか淡泊だった。

では、「世襲」が政治を悪くしたのか？

世襲は、優秀な人材が政界に参入する障壁となっている側面は否定できない。しかし、問題はそれほど単純ではない。政治をめぐる環境は著しく変化している。選挙制度が変わり、衆議院選挙は、中選挙区制から小選挙区比例代表制になった。金の問題では、政治資金規正法によって、政治家への金の流れ方が劇的に変化した。政治家のテレビ出演も増え、政治の話題が頻繁にテレビにとりあげられる時代になった。

それら「システム」を変えれば、政治は良くなるのか。結論を急ぐつもりはないが、その問題については、私はシステムより、政治家の劣化にこそ問題があるのではないかと考えている。つまり、「人かシステムか」と問われれば、人の比重が大きいと考えている。

本書で、私の政治記者としての見聞をもとにしながら、政治がなぜダメになったかを、人とシステムの両面から考えていきたい。

まずはじめに、政治家とはどうあるべきか、その〝基準〟を提示する意味で、私が取材したなかで強い印象を受けた政治家の姿を点描しながら、政治家の条件を考えていく。

第一章

かつて政治家がいた

1.「風圧」田中角栄

軽井沢の別荘で「絶対に辞めません」

取材で出会った政治家の中で、ただひとり、背中に冷たい汗が流れるような緊張感を味わったのが田中角栄元首相だった。それは、田中の生き方そのものが真剣勝負であったからに他ならないだろう。

一九八三（昭和五十八）年の八月、私は同僚の記者五人とともに、軽井沢《かるいざわ》へ赴いた。その年秋の十月十二日に、田中に対するロッキード事件の東京地裁判決が出ることが決まっていた。有罪判決が下された場合、田中は議員を辞職するのではないかと言う人もあり、どうしても本人の考えを確かめておきたかった。判決が近づけば近づくほど、田中との接触が難しくなることは明らかだった。私たちは、田中の側近の小沢辰男に、田中と話す機会を設けてほしいと頼んだ。実現した判決二カ月前は、ぎりぎりのタイミングだった。

午後六時、私たちは、田中の別荘一階の洋間の食堂に通された。出迎えた田中は上機嫌で、その夏、四十ラウンドぐらいのゴルフを重ね、真っ黒に日焼けしていた。部屋の中央

田中角栄。1983年、再釈放で東京地裁を出る。右は早坂茂三秘書

には十人ぐらいが囲める大きなテーブルが置かれ、その上に、軽井沢プリンスホテルからケータリングされた中華料理が並べられていた。室内の電灯が暗く、少し陰気な印象を受けた。

一緒に食事を始めると、田中はいつものオールド・パーを飲みながら一気呵成《かせい》に話した。

私は単刀直入に、「辞めたりしませんか」と質問した。

田中は言下に否定する。

「辞めません。絶対に辞めません。俺は明治始まって以来の政治家だと思っているんだよ。徳川《とくがわ》三代将軍なんかも」

ここで言葉を切ると、指で鼻をはじく仕草をしながら、

「これと思っているんだから」

田中は徳川三代将軍家光《いえみつ》すら軽んじ、自身を日本史に刻印される権力者と位置づけていた。私は重ねて聞いた。

「党内には、国や党のために田中さんは議員を辞めるのではないかという人もいますが」

田中は声のトーンを上げ一気に言った。

「辞めません。殺されないかぎり、辞めません。俺はこれから十年、十五年やることがある。新聞の論説がそろって辞めろと書いてもアッカンベーだ。〝余は自民党なり〟と思っているんだ。俺は、新聞が書くなら新聞の特権を全部奪ってやる。俺は日本放送協会会長、新聞協会会長ぐらいにはすぐになれるんだから。俺が辞めたら党にも国にもマイナスだ」

田中からは、全生命を懸けて政治をやっているという気迫が強烈に伝わってきた。

それは、まさに「風圧」だった。目をしっかりと見据え、正面からぶつかってくる。ふつうの人なら、まずその気迫で負けてしまう。これほど真剣に人にぶつかってくる人間に、私は初めて出会った。

人間が求めているものを見抜く能力

「余は自民党なり」――この言葉ほど、田中角栄という政治家を的確に表現している言葉は他にない。その言葉の通り、田中は自民党の原型をつくりあげた。

その象徴的存在が、道路特定財源である。自動車や、ガソリン、軽油などの燃料にかかる税金を一般の税金と区別し、道路整備のための特定の財源とした。福田康夫首相が一般財源化すると表明したこの制度は、もとはといえば田中がつくりあげたものである。

また、特定郵便局を全国に張り巡らしたのも田中だった。そして特定郵便局ＯＢとその家族で構成される「大樹」会は、自民党の選挙を最前線で戦う組織となった。

地方交付税しかりである。

地方財源について少し説明しておこう。市町村の収入には、市町村民税、固定資産税などの自主財源とは別に、地方交付税など、国から与えられる財源がある。地方交付税には、普通交付税と、災害など特別な需要が生じた場合に交付される特別交付税の二種類がある。

普通交付税とは、人口や面積などから算出される基準財政需要額と、税収などの基準財政収入額との差を、国が穴埋めするものである。いわば都市から農村へ再配分されるお金で、この「国土の均衡ある発展」を目ざす思想は、のちの田中の「列島改造論」へつながっていく。地方交付税は、国、すなわち自民党の、地方支配の源泉となった。

田中は、法案の事前審査制度も確立した。

法律上は、内閣は与党の了承がなくても、法案を国会に提出することができる。しかし田中は、政府が閣議決定する前に、自民党の政務調査会に法案を説明し、政調部会、総務会の了承を得なければ閣議決定できないシステムをつくりあげた。それによって、党の力が非常に強くなった。一九五五年の結党後、非自民政権下の十一カ月間を除いて政権党である自民党のあり方を決めたのも田中だった。

田中はロッキード事件以前にも、さまざまな疑獄にさらされている。結果的に、ロッキード事件で逮捕された。それにもかかわらず、永田町《ながたちよう》の人たちが田中を嫌うことはなかった。逮捕されようが、有罪判決を受けようが、それによってどんな批判を浴びようが、田中派の議員たちは田中のもとを去らなかった。むしろ、彼の周りに集まる人の数は増え続けた。

それは、田中のもとにいたいと思わせる力があったからに相違ない。もちろん、金の問題もあるだろう。しかし自民党を見渡してみれば、田中より金を持っている人はいた。金の力だけではなかったはずだ。やはり田中の人間性そのものに、ほれていたのだと思う。

田中の人間性とは何か。それは、その議員が、その官僚が、あるいは国民が、何を欲しがっているかを見抜き、その欲求を満たす能力である。金のない人には金を渡す。公共事業が欲しい場所には公共事業を渡す。道路をよくしてほしい地域では、道路整備を行う――。

人間が何を求めているのかを察知する能力と、それに回答する能力。それが田中の政治力であり、「人間力」だった。

裸の王様

それほど強力な政治家だった田中も、最後の局面においては、周りの人間たちが離れていくのが見えなくなった。それは政治家としての限界だったのか、それとも、人間としての限界だったのか。

のちに、田中派内で竹下登《たけしたのぼる》を担ぐ集団「創政会《そうせいかい》」結成の中心メンバーとなる小沢一郎、梶山静六、羽田孜《はたつとむ》らは、まごうかたなき田中の子飼いである。しかし政治家は、自分が明日生きるためには、どんなお世話になった人でも、いざとなれば距離を置いてゆくし、反旗もひるがえす。政治家にとっては、昨日や今日のことが問題なのではない。明日どうするかが大切なのだ。だから彼らは、明日、誰が力を持っているのかを探りながら動く。

たしかに、人間は変わってはいけない、政治家は忠義を尽くさなくてはいけない。だが、それは真理の半分しか表現していない。世の中の情勢、人間の欲望は絶えず変化している。その変化をいち早くキャッチし、それに合わせて自らを変えていく。明日を生き抜くために、絶えず自分の考え方を変えていけるのも、大事な政治家の資質だ。

「私は田中さんのために最後まで尽くします」と態度を決めた政治家もいた。田中派の大幹部だった小沢辰男、防衛庁長官をつとめた山下元利《やましたがんり》らがそうだった。しかし、やがて彼らは落魄《らくはく》していった。師事した人に最後まで忠誠を誓う、それも政治家としてのひとつの生き方かもしれないが、残された何万人もの支持者はどうなるのか。力を失ったのではやはり本物の政治家とは言えない。

小沢、梶山、羽田らは、田中をいきなり斬りつけたわけではない。櫛《くし》の歯が欠けるようにして田中から人が離れてゆくのを食い止め、ロッキード判決による世間の非難の嵐を乗り切り、しかも田中も納得する方策として、新しく竹下登という旗を立てようと考えた。

この時点で、小沢、梶山、羽田らに、田中を追い落とそうという意図はなかった。むしろ、「これがオヤジ（田中）のためになる」と考えた。

「竹下という旗を立てれば、仮に有罪判決を受けても派内は動揺しないし選挙も戦える。

これがオヤジのためになる」

つまり、田中が竹下を擁立するという構図である。

それは結局のところ、小沢、梶山、羽田らにとって、自分のための理屈だったかもしれない。しかし、政治家はおおよそ「自分のため」だけでは、行動を起こせない。組織のため、あるいは国家のためと、自分を納得させられる論理立てがなければ、動けないのである。「オヤジのため」というのは自分を正当化する論理だった。

それは最初、田中派の「常任幹事会構想」だった。

それまで田中派の方針は、すべて田中の一存で決められていた。「目白《めじろ》（田中の自宅）の意向」が田中側近の小沢辰男を通じて派内に伝えられ、田中派は動いた。

その方式を改め、派内に常任幹事会を設置し、幹部の協議によって派の方針を決定する仕組みをつくろうとした。小沢、梶山らはこの時点で竹下の名前はおくびにも出していない。田中が常任幹事会構想を認めたら、その段階で竹下を座長につけようと考えていた。

しかし田中は激怒し、提案を一蹴した。田中はこの構想に竹下擁立のにおいを嗅《か》ぎ取り、権力を失うと直感したからだった。田中はこう思ったに違いない。

「いったん竹下を認めれば、派内が一挙に竹下になびくのは目に見えている。俺は田中派の頂点に立っているからこそ、判決が有罪であっても衝撃が弱められるんだ」

この構想をつぶした後、田中は東京地裁で有罪判決を受けた。だが、田中は高裁で無罪判決を勝ち取れると信じて疑っていなかった。そのための権力の源泉と考えたのが、自民党を事実上支配していた最大派閥田中派の領袖《りようしゆう》の座だった。田中の執着はいっそう強くなり、こう話すようになっていた。

「俺はもう一回総理をやるんだ。竹下が総理になるのは俺が総理をやった後だ」

これを聞いた梶山らは震撼《しんかん》した。これでは、半永久的に竹下を擁立することはあり得ないということだ。やがて、小沢、羽田、梶山らはひそかに、創政会結成へ走り出すことになる。

田中は裁判闘争を政治闘争の中心に据え、状況の変化を認めようとせず、まだ自分は強いのだと過信していた。と同時に、自分の権力を維持するために、後継者を押さえ込んだ。それに対して、小沢、梶山らは派内の実情も、創政会を結成しようとする企ても、田中には伝えなくなっていた。

田中はまさに、裸の王様だった。

「月満つれば則ち虧《か》く」（史記）――。

永遠に続くかに見えた田中という満月はかけ始めた。どんな英雄にも必ず終焉《しゅうえん》が訪れるのだと、感慨を抱かずにはおれなかった。

2．「運用」竹下登

政治の運用の天才

権力の中心が、「三角大福中」から「安竹宮」に移っていくトップバッターが竹下登だった。つまり、三木武夫、田中角栄、大平正芳、福田赳夫、中曽根康弘の時代から、安倍《あべ》晋太郎《しんたろう》、竹下登、宮沢喜一《みやざわきいち》の時代への世代交代のさきがけが竹下だった。

竹下らがニューリーダーと呼ばれるようになったとき、政界にあって多くの人が「三角大福中に比べ、安竹宮は政治家が小粒になった」と言った。だが、今の政治家は、その竹下らと比べても、もっと小粒になっているように思える。

竹下は、田中角栄がつくった政治の基本形を、うまく運用する術《すべ》を考え出し、実行に結びつけた政治家だった。道路特定財源や特定郵便局制度、あるいは地方交付税といった田中のつくった政治の原型を、円滑かつ高能率に機能させ、発展させていった。

運用のために、竹下は官僚をうまく使った。官僚の年次、経歴は完璧に記憶し、官僚の側からも高い評価を受けた。

竹下登。1987年、竹下派（経世会）結成大会にて

そもそも官僚にとって、いくつ法案をつくったかが彼らの評価につながる。しかし法案を成立させるのはあくまでも政治家で、なかんずく自民党議員である。官僚の側から見れば、法案が成立する筋書きを描いてくれるのが一番良い政治家だ。

とりわけ竹下は大蔵省（現・財務省）に強かった。長く国会対策の仕事にかかわった竹下だが、国対の仕事の中心は、なんといっても予算および予算関連法案の成立である。そのために竹下は、予算をどのようにしてつくるのかを一所懸命勉強し、スペシャリストとなった。その過程で、大蔵官僚との人脈を築いていった。主計官、課長クラスで知り合った役人がどんどん出世していけば、自然、大蔵省幹部全員と知り合いという状態になる。主計局だけではない。主税局も理財局も、大蔵省全般にわたって影響力を培っていった。

大蔵省側にとっても、竹下はひじょうに頼りになる政治家だった。すべての案件は竹下を通され、難問も竹下のところに持ってゆけば、調整してもらえた。竹下は役所の仕組みや意思決定に通暁していた。

予算は国家権力の中心である。金が付かなければ何もできない。竹下はその本質をいち早く見抜き、国会対策を通して権力を掌握していった。

やがては官僚の人事へも影響力を持った。竹下は、誰が法案を上げた、この役所では誰が使えるというデータを蓄積した。役所の人事は、通常、官房長と文書課長が行う。彼らが竹下のもとに「どうしましょうか」と相談に来ると、「こいつだわな」と即答した。しかしその判断はフェアだった。自分の好き嫌いでなく、仕事で評価した。

官僚にとっては人事が最大関心事である。むしろ、人事にしか興味がないといってよいほど大きなウエイトを占める。予算も人事も全部竹下のところに持ちこまれるようになり、その循環のなかで、ますます大蔵のドンとなっていった。もはや、その時々の竹下の肩書きは関係がなかった。もちろん大蔵大臣も長くつとめたが、橋本龍太郎が大蔵大臣であっても、実質的には竹下が動かしていた。

官僚機構を動かす政治力で、田中角栄と竹下登は傑出した能力があった。それは今、官僚を叩くことによって点数を稼いでいる国会議員のあり方とは、まったく逆である。

官僚はダメになったか

宮沢喜一は、「かつて吏道があった」と言った。吏道とは、官吏の道という意味である。官僚はかつては官吏と呼ばれた。

たしかに田中や竹下の時代の官僚は、自分たちが国を背負っているという意識を、強く持っていた。現在は、政治家の質も落ちたが、官僚の質も落ちたのだろうか。

官僚の質の劣化をまざまざと見せつけられたのは、社会保険庁の年金記録漏れだった。民主党が発掘した年金記録漏れ問題は、勤勉、実直、手堅さが取り柄だった官僚の仕事が、実はかなり杜撰《ずさん》だったことを白日の下にさらした。官僚の世界における、まさに「戦後最大のスキャンダル」だった。官僚の汚職も後を絶たない。

しかし、政治家と官僚のどちらの責任が重いかと考えると、官僚の質の劣化、力の弱体化を招いたのも、やはり政治家と政治の責任であると考えている。

政治家が物事を決めなければ、官僚はプランの持って行きようがない。官僚はあくまでブレーンで、コマンダー（司令官）は政治家だ。しかしコマンダーが決めないため、あるいはプランを持って行っても即断できないため、結果としてタイミングがずれてしまい、最初のプランとは似て非なるものができてしまう事態が多くなった。

官僚にとっては、自分の頭で国を動かしているのだという誇りが何よりの喜びである。東大法学部卒業生を中心にした彼らの喜びを、うまく引き出すのがコマンダーの役割である。課長になったら田中角栄から背広のお仕立券が届いたといった逸話もあったが、最後はお金の問題ではないだろう。達成できたら人事でひとつ上に上げてやろうという信賞必罰もあるだろうが、とにかく、おまえたちは国のために全部吐き出せと迫り、官僚の側も、緊張感のなかでそれに応《こた》えたのが、ありし日の政治家と官僚の関係だった。

ところが今はどうか。「言われたから来ました」という関係になってはいないか。政治記者と政治家が離れてしまったのと同じように、政治家と官僚との間に距離ができた。なぜか。それは官僚のほうも、何かあればハシゴを外されるのではないかと思っているからだ。全部を、自分たちのせいにされてしまうかもしれない。そうしたら、本音を言えるはずがないではないか。

近い将来の政権交代の可能性も、官僚の行動を変化させた。自民党単独政権で安定していた時代は、自民党だけを見ていれば仕事はできた。しかし自公政権になって、公明党にも配慮しなくてはならなくなった。「ねじれ国会」で民主党が権力の一部を握ったため、民主党にもリスクヘッジしなくてはならない。政治権力の変化によって官僚の仕事ぶりは大きく変わってしまった。

消費税導入

竹下の敏腕が発揮されたのは、官僚に対してだけではなかった。

国会では、野党と上手に連携していかなければならない。竹下は、長い国対経験を通じて野党と太いパイプを築いた。野党議員の退任後の就職の世話まで、竹下はこまめに手当てした。

一九八八（昭和六十三）年、竹下内閣は消費税法を成立させる。野党は当然、消費税導入に反対を表明していた。しかし反対はしても審議には協力し、採決も容認した。その背後には、竹下が培った幅広い人脈が生きていた。採決に反対はするが、審議拒否はしない――そういう約束を、社会《しゃかい》、公明、民社《みんしゃ》党と内々にとりつけていた。与野党間に、話し合いのパイプが機能していた。

小沢一郎はかつて、「オヤジの政治は、足して二で割る政治だった」と評した。つまり田中角栄は、与党、野党のお互いの言い分を足して、きれいに二で割ったという。

竹下も同じことができた。いや、その面においては田中以上だったかもしれない。野党の面子《めんつ》を立て、野党支持者も納得できるようなお土産《みやげ》を緻密に準備していた。法案には、譲ってもよいのりしろの部分が必ず用意されていた。その妥協する術は、体で知っていたと表現するしかないものだった。相手も、満足する部分がなければ、妥協はしてこない。こちらも譲るかわりに相手にも譲ってもらう落としどころを探ってゆくことについて、竹下は天才的な才能を発揮した。

当時も強行採決が行われることはあった。その場合でさえ、誰が叫び、誰が委員長席に詰め寄って……という段取りが出来上がっていた。シナリオを描いたのは、もちろん竹下だった。

竹下から、私がいちばん教えられたのは、「政治はカレンダーだ」ということだった。

政治の動きを把握するためには、まず日程を調べろという。政治には、宮中の行事、外国首脳との会談や、国連総会出席など、どうしても動かせない重要な日程がある。それらの日程を精査していくと、衆院解散・総選挙時期など重要な政治日程もある程度、特定できた。国会運営でも、国会を召集したら、初日に施政方針（所信表明）演説、中一日あけて衆参両院で代表質問を三日連続で行い、それから予算委員会という段取りを教えられた。これをカレンダーに当てはめると、国会召集日は月曜日か金曜日ということになる。

竹下は、政治を動かすシステムを熟知した政治家だった。

3.「デザイン」金丸信

マスコミを使って政治の流れをつくる

金丸信は、私が知っている限りにおいて、マスコミを操り、かつ利用することが最も巧みな政治家だ。一九八〇年代から九〇年代初頭まで、金丸の言葉を抜きにして政治報道は成り立たなかったといっても過言ではない。金丸がオフレコで、あるいは公然と語った言葉によって、政治記事は書かれていった。

金丸が発する情報は、明日の国会がどう動くか、竹下登がどのように言っているかから始まり、組閣では、誰が入閣してどのポストにつくかまで、幅広く、かつ的確だった。発表前だったNHKの会長人事を、金丸から教えられたこともあった。

政治報道の一面でもあるが、力があるように書かれた政治家はさらに、力を持つようになってゆく。永田町に住む政治家も、永田町の動向に関心が深い官僚も、一般の人も、新聞や、『文藝春秋』の「赤坂太郎《あかさかたろう》」などの記事を読んで、決定がどこで行われているかを知る。すると自然に、その人物に、人も情報も集まるようになる。金丸はその効果をおそらく先天的に知っていて、積極的に記者に情報を提供し、政治報道の中心的存在を演じ続けた。

金丸の側から見れば、マスコミを操ることは、費用対効果の面で非常に安上がりだという計算もあっただろう。マスコミにお金はかからない。情報さえ与えておけば、記事は書かれ、勝手に自分の力を強めてくれる。そこに、したたかな計算があった。

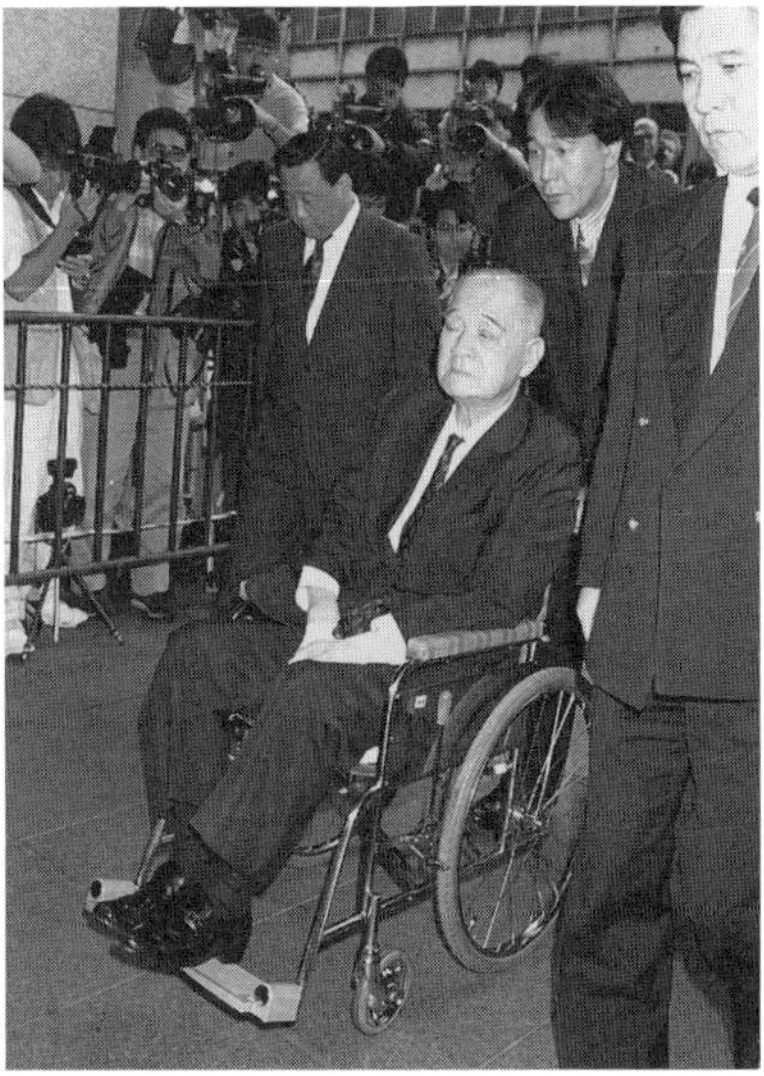
金丸信。1993年、巨額脱税事件初公判で東京地裁に入る（共同通信）

金丸はマスコミを使って力をつけるのみならず、政治の流れそのものまでデザインした。

たとえば一九八三（昭和五十八）年十月十二日、ロッキード事件で田中角栄の一審判決が出たあと、国会審議がストップする。有罪判決が下されたのに議員辞職しない田中に反発した野党は審議拒否を続け、「衆議院を解散して国民の審判を仰げ」と訴えた。

一方、当時首相だった中曽根康弘は、「いや、まだ解散しない。解散は年明けにしたい」という方針だった。中曽根は、「日本人は年が変わると気分が変わるから、年明けならば田中判決のことをある程度忘れてくれる」と考えていた。ほとぼりがさめた後の、年明け解散を狙っていたのである。

有罪判決を受けた田中は、早く選挙をやれと唱えた。自分は選挙をやっても勝てるという、強い自信を持ち、早期の禊《みそ》ぎを待望した。

国会の空転打開のために動いたのが金丸だった。社会党書記長の田邊誠《たなべまこと》、国会対策委員長の山口鶴男《やまぐちつるお》らと話し合い、行政改革関連法案など、臨時国会に提出されている法案をすべて成立させる。その見返りに、野党の要求に応じて解散を断行する——という約束をまとめた。

そして金丸は、マスコミに「矢は放たれた」とアナウンスした。政局は衆院解散・総選挙に向けて動き始めたと宣言したのである。

本来、解散権を持っているのは、内閣総理大臣である中曽根だ。しかし議員たちも報道を見て、選挙に向けて動きだした。中曽根も、すべての法案が成立し、マスコミ報道を受けて候補者が走りだしたのならやむを得ないと、次第に解散へ気持ちが傾き、与野党の合意をしぶしぶ受け入れた。

衆議院は十一月二十八日に解散された。当時、党三役でもない、衆院行政改革特別委員長にすぎなかった金丸が、マスコミを使って総理大臣の気持ちまで動かし、政治の流れをつくったひとこまである。

アバウトさと抜群の記憶力

金丸は、その茫洋《ぼうよう》とした風貌や、単語を平気で言い間違えることから、アバウトの代名詞のごとく言われることが多かった。

パラボラアンテナを「バラバラアンテナ」、地元山梨に誘致したリニアモーターカーを「リビアモーターカー」、タイムリミットを「タイムメリット」、「リップサービス」を「ビッグサービス」など、金丸の言い間違いを挙げればきりがない。〝政界のドン〟とまで呼ばれた最高権力者の愛嬌《あいきょう》のひとつにもなっていたが、竹下登からはよく、「金丸は国会の〝アバウト議連会長〟だわな」とからかわれていた。

しかし金丸は、実は、驚くべき記憶力の持ち主だった。

外遊から帰った金丸から、お土産としてウイスキーをもらったことがある。お礼を言うのを忘れていると、あるとき金丸から、「あれ、どうだった」と聞かれた。「しまった」と思って、あわてて礼を言った。あるいは、事務所にウイスキーを一ダースもらったとしたら、このうちの何本は誰と誰に渡し、今、何本残っているのかを明確に記憶していた。「あのウイスキーはまだ三本残っていたはずだな」と言って、秘書を驚かせたこともある。幼年時代、記憶力がとてもよく、「修身」を丸暗記したというエピソードもうなずける。

記憶力の良さは、お金のやりとりにも発揮された。どの議員にいくら渡したかを、県、市町村議員にいたるまで、金丸はすべておぼえていた。金丸は金を渡すとき、近くに置かれた紙袋をひょいと取り上げ、「これ」と言うだけだった。金を数えたりしないし、いくらと口頭で言うこともない。もちろん、領収書のやりとりや、帳面につけたりするような、後に証拠になるようなものは一切残さない。しかし、いくら渡したのかずっと記憶しているのだ。

金のやりとりは国会対策の場でも行われた。金丸の秘書は、いつもA4サイズほどの鞄《かばん》を持ち歩いていた。そのなかには、百万円の束が詰め込まれ、金丸が国会内の野党議員と会うときも秘書が鞄を持って付いて歩いた。それが国会対策の現実だった。今と違い、まだ政治家がお金を持っていた時代の話である。

風貌に似合わず、行き届いた気配りもできた。

たとえば金丸と一緒に食事に行って、私にとってはまずい食事だったときでも、金丸は必ず店の人に、「うまかった」と声をかけて店を後にした。金丸が足を運ぶようなお店の料理人は、能力はともあれ、金丸においしいものを食べてもらおうと懸命になってつくる。その気持ちを決してないがしろにしない、繊細な気の遣い方ができた。

国際赤坂ビルの十八階に、「クレール・ド・赤坂」という高級フランス料理店があった。金丸の事務所が入っていたパレロワイヤル永田町マンションから、旧キャピトル東急《とうきゅう》ホテルと首相官邸の間の通りを車で走り抜ければ、わずか一、二分で行くことができた。ビルの駐車場から、会合が開かれる個室にエレベーターで直行できる利便性もあって、金丸はよくこの店を利用した。「クレール・ド・赤坂」は、のちに、田中角栄に反旗をひるがえすことになる創政会結成の秘密会合の舞台になっている。

金丸は、野党政治家を、奥さん同伴でこの店に招待した。野党幹部の奥さんたちに、洋服や、着物の反物をプレゼントすることもあった。

金丸の残した有名な言葉に、「オヤジが右を向けと言ったら右、左を向けと言ったら左だ」というものがある。

鈴木善幸《すずきぜんこう》が首相を辞めた一九八二（昭和五十七）年、次の首相に中曽根を推すかどうかで田中派が分裂しかけたときの台詞である。派内で、「中曽根なんかに投票できるか」という声が大きくなったとき、金丸はこの啖呵《たんか》を切ってその場を収めた。親分が決めたら従うものだというこの組織論は、田中派のあり方を見事に象徴している。今は民主党の小沢一郎に、この精神が引き継がれている。

金丸は基本的に、人と人との関係を大切にする政治家だった。山梨の出身で、甲斐《かい》の武将・武田《たけだ》信玄《しんげん》の言葉を引用することが多かった。なかでも、信玄の軍学書『甲陽軍鑑《こうようぐんかん》』に書かれた、「人は城、人は石垣、人は堀」という言葉を好んだ。そこには、金丸の政治手法が凝縮されているように思える。

4. 「軍師」梶山静六

戦略と戦術

「俺はモルトケになりたいんだ」

かつて梶山は、しきりにこう話していた。

モルトケは、ドイツの鉄血宰相ビスマルクの下で陸軍参謀総長として仕えた優秀な戦略家、戦術家である。普墺《ふおう》戦争では七週間でオーストリアを下し、普仏《ふふつ》戦争では、セダンの戦いでナポレオン三世率いるフランス軍を撃破し、開戦から半年でパリ入城を果たした。ドイツ統一を実現した立役者である。

そんなモルトケを尊敬する梶山は、田中真紀子《たなかまきこ》が「軍人」と揶揄《やゆ》した通り、本質部分で「軍人」だった。梶山のなかの大きな部分を、軍隊経験が形づくっていた。

私は、人間の考え方の基本形ができあがるのは、二十歳前後だと考えている。今なら大学生時代に、その人の発想の根本部分が形成されると思う。梶山はその時代、陸軍士官学校にいた。

梶山は中学を卒業した一九四三（昭和十八）年、十七歳で、埼玉県朝霞町《あさか》（現・朝霞市）にあった陸軍予科士官学校に入学する。陸軍士官学校（陸士）、海軍兵学校（海兵）は、当時、全国の中等学校生徒が憧れた軍のエリートコースである。

翌四四年、梶山は埼玉県豊岡町《とよおかまち》（現・入間市豊岡）の陸軍航空士官学校へ進んだ。

陸軍航空士官学校時代の梶山の様子を、一年間、隣の席だった後藤久紀さんはこう語っている。

「梶山君は戦術がとくに優秀だった。教官が戦闘の場面を想定して問題を出す。それに対して状況を分析し、主力をどこに集中するか、どこを攻めるかの答えを書いた。その答えが、梶山君はいつも教官と同じだった。用兵の妙を心得ていた」

梶山は四五年に戦闘機乗りとなり、埼玉県狭山《さやま》飛行場、さらに西満洲《にしまんしゅう》の鎮西飛行場に移る。特攻となるための訓練だった。

一九四五（昭和二十）年八月十六日、急ぎ、東満の山城鎮に集結するように命ぜられる。目的地に到着すると、ソ連が参戦し、日本はポツダム宣言を受諾して戦争に敗れたことを知らされた。天皇陛下の玉音放送の翌日だった。故郷に戻った梶山は敗戦を自分の責任のように感じ、街で人と会うのがつらく、陽の高いうちはなるべく出歩かないようにした。

そのような経歴を持ったがゆえだろう、梶山は、戦略、戦術の描ける政治家だった。目的を立てたら、それを実現するための大きな戦略を描き、綿密にひとつひとつの戦術を立て、実行に移していくことができた。

梶山は朝五時くらいに起床した。いちばんにするのは、メモに「今日やること」「一週間以内にやること」「一カ月以内にやること」を書きこむことだった。小さなきれいな字で、誤字脱字は一切なかった。

梶山静六。1996年、橋本内閣・官房長官記者会見

寝るときには必ず、枕元にレポート用紙と鉛筆を置いた。夜中に思いついたことがあれば、パッと起き上がり、すぐさまレポート用紙にメモした。その鉛筆は、いつも梶山が自分で小刀で削っていた。

役人が梶山に説明を始めると、途中で「やめろ」と言うことも多かった。「それは理屈だろう」、「単なる理論だろう」と、話を遮った。
「俺は政治家だから、できないことを聞いても仕方ない。もう、いい」
それが梶山の言い分だった。戦略レベル、戦術レベルの見極め、できることとできないことの峻別《しゅんべつ》が大変厳しかった。

B4判の人脈図

一九九五（平成七）年の自民党総裁選で梶山は、河野洋平《こうのようへい》の再選を阻止し、橋本龍太郎総裁就任に向けて動いた。ときの首相は、社会党の村山富市《むらやまとみいち》。すぐに首相にならずとも、村山のあとは自民党総裁が首相に就任する見通しだった。梶山が、河野が首相の座に就くことに反対したのは、河野・森《もり》執行部が、竹下派を淵源《えんげん》とする小渕《おぶち》派を党運営の中枢から外そうとする体制だったからだ。

しかし、河野が所属する宮沢派六十六人、森が所属する三塚《みつづか》派六十七人、河本《こうもと》派二十三人で、河野再選を支持する主流三派の合計議員数は百五十六人に達して、過半数を超えていた。これに対し小渕派は六十一人、前の総裁選で河野と争った渡辺美智雄《わたなべみちお》率いる渡辺派は五十五人だった。小渕派は渡辺派と組んでも勝ち目はなく、河野がゆうゆう再選される形勢だった。

だが、派閥の合従連衡によって数の優劣を判断するのは、各派閥の議員が一糸乱れず派閥の方針どおりに行動するという前提に立っている。仮に、派閥の方針に従わない議員が多くなれば、計算の基礎となる数値そのものが変わり、答えは違ってくる。

このころ梶山は、B4判の紙に、鉛筆で書いた政界の人脈図を作っていた。紙には、各党、各派閥の人脈図が描かれ、河野洋平、三塚博《みつづかひろし》、渡辺美智雄、加藤紘一《かとうこういち》ら自民党の派閥実力者や、新進党の小沢一郎幹事長ら野党幹部の名前が大きなマルで囲まれ、それぞれのマルを中心にして議員の名前が並び、党派を超えて線でつながれた議員もいた。この図面は、梶山が彼らにできるだけ会って、彼らが政局をどう動かそうとしているのか、誰と結ばれ、誰に敵対意識を持っているかをじかに探って書き上げたものだった。

対象は次第に広がり、若手議員や新進党議員、労組幹部に及んだ。これと思った人物の名前を書き加え、以前と変わっていれば、消しゴムで消して新しい線を引いた。梶山は来客が途絶えると、この図面を机の上に広げ、まるで図上演習をしているかのように、図面を眺め下ろし作戦の想を練った。

「政治は最高の道楽だ」と、梶山が語っていたことがある。どのように攻め、どのように守るかという戦略を立て、それを戦い抜いてゆくことに至上の喜びを見出すことのできる政治家だった。政治の世界では、ひとつ失敗を犯しただけで、政治生命を失いかねない。だが梶山は、そのような身を焦がすような緊張感を最上の快楽ととらえた。

梶山は小沢一郎を尊敬しつつも、次のように評していた。

「小沢は目標に向かってまっしぐらに進むから、好きだ。しかし、子どもと同じで、なにか欲しいものがあるとパッと手を伸ばして取ろうとする。手法があまりにも短兵急だ。手段、方法がない。いかに目標がりっぱで理想があっても、手法がなければ目標に到達できない。それに、ものぐさだ」

軍人経験のある者ならではの小沢評である。

選挙に落ちればタダの人

「サルは木から落ちてもサルだが、代議士は選挙に落ちればタダの人だ」

自民党の草創期、党人派の代表格だった大野《おおの》伴睦《ばんぼく》が一九六三（昭和三十八）年十月二十三日、衆院解散の日に選挙区に帰る候補者に向かって言ったこの言葉はいまだに永田町に語り継がれている。落選した議員の現実を見事に言い当てているからで、梶山はその辛酸をなめた。

一九六九（昭和四十四）年の衆議院議員選挙で初当選を果たした梶山は、一九七六（昭和五十一）年、自身三度目となる選挙を迎えていた。

七六年は、二月四日、米上院「チャーチ委員会」（多国籍企業小委員会）公聴会で、ロッキード社が海外で配った違法献金が暴露された年だった。続いてコーチャン同社副社長が、対日工作資金として、日本政府高官に三十億円を渡したと証言した。この金が誰に渡ったかという問題で日本国内はハチの巣をつついたような騒ぎになり、七月二十七日、東京地検特捜部は田中角栄を外為法違反容疑で逮捕した。

「首相の犯罪」に日本中が驚き、そして激怒した。しかし梶山は、田中が保釈されるとき、保岡興治《やすおかおきはる》らとともに東京・小菅《こすげ》の拘置所で出迎えた。この行動が、共産《きようさん》党の機関紙「赤旗《あかはた》」に大きく報じられた。

衆議院選挙は田中逮捕の記憶が生々しく残る四カ月後に実施された。梶山は七四年の第二次田中改造内閣で官房副長官に抜擢されており、中央政界でも知られる存在となっていた。選挙当時は建設政務次官、誰の目にも三選は確実と思われていた。しかし結果は、六百五十四票差の次点で落選。ロッキード批判を軽んじたこと、選挙態勢への慢心が敗因だった。

当時の心境を、梶山は後日、こう語っている。

「今でもおぼえているのは、落選した後の一年というのは事務所も支持者も嘆き悲しみ、済まない、済まないと言うのを、こっちがむしろ慰めた。俺が参るというより周りの人たちを慰めるのに終わったような気がする。二年目からはこっちがじわっじわっと落選のつらさが身に染みてきてねぇ。三年目になると、耐えられないというか、国会議事堂を見るのも嫌だったもんだ」

浪人中の梶山は、田中派の事務所があった砂防《さぼう》会館三階の奥の小部屋に、同じ衆議院選で落選した村岡兼造《むらおかかねぞう》と一緒に、「落人《おちうど》」と称して連絡事務所を置いて東京の根城とした。

梶山の浪人生活は七九年十月まで約三年続く。この経験は梶山の大きなトラウマとなった。のちの梶山に、若干屈折したところが見えたのもそれが原因だった。落選は、その後の梶山の政治行動に決定的影響を与えた。

二度と落ちたくないという気持ちから、梶山はまず、選挙に対して慎重を極めるようになった。

もうひとつの変化は、中央の政治活動で、意識的に良いポジションを占めようと考えるようになった。自分をいつも、有権者の目に見えるところに置いておこうとしたのだ。

ポイント発見と政策実現

梶山が政治家として類《たぐい》まれだったのは、「今の世の中はこれが問題だ」というポイントを素早く見出す眼力と、それを、まさにブルドーザーのように問題解決まで導いてゆく力強さを持っていたところにある。

田中角栄が有罪判決を受けながら、自分の裁判のために田中派領袖の地位を手放さなかった際には、このままでは田中派が崩壊するという危機意識から、創政会結成、竹下派結成を成しとげた。「目白に漏れたらつぶされる」——田中に知れたら、冷や飯を食わされること必定の、政治生命を懸けた決死の造反劇だった。そのとき梶山は田中派議員の深層心理を読み切っていた。

「竹下さんを立てろというのは、派内で地響きのようになっている」

一九九〇（平成二）年、国対委員長に就任した際には、冴《さ》えわたるカンを見せつけた。

梶山が就任直後に遭遇した難題は、一九九一（平成三）年一月に起こった湾岸戦争だった。湾岸戦争の前段にあたる湾岸危機は、九〇年八月二日、イラクが突然クウェートに侵攻したことによって起こっていた。イラク軍を撤退させるため、アメリカはイギリスなどとともに、ペルシャ湾岸地域に多国籍軍を展開していた。

日本は、当時の法律では、自衛隊を派遣することができなかった。とりあえずは経済協力という形で、政府は九〇年中に、四十億ドルを支出している。しかし時期が遅れたため国際社会から評価されなかった。政府の方針が決まらず、国会が召集されたのは侵攻から実に約二カ月半後のことだった。その反省から、何をするにしても早く、しかも思い切ってやってアピールすることが必要だと、梶山は考えていた。

明けて九一年一月十七日、多国籍軍は、イラク軍や軍事施設に対してミサイルや航空機による大規模攻撃を開始し、戦闘状態に突入した。

戦争開始から約十時間後に与野党党首会談、翌十八日には、国会閉会中なのに、衆参本会議で党首クラスによる緊急質問が行われた。

橋本龍太郎蔵相は訪米してブレイディ米財務長官と会談し、アメリカの望む金額として九十億ドルという感触を得た。この金額を盛り込んだ補正予算案を早期に成立させられるかが、梶山と小沢一郎自民党幹事長に課せられた仕事となった。自民党は衆院で過半数を維持していたが、参院で過半数割れしていた。野党の協力なくして成立は困難だった。

小沢は公明党の市川雄一《いちかわゆういち》書記長、梶山は神崎武法《かんざきたけのり》国対委員長と接触する。そして公明党が要求する「増税分と防衛費で五千億円以上を削減」という要求を丸のみし、公明党の協力をとりつけることに成功した。

このとき、小沢は五千億円を捻出するのに、大蔵省に「案を持ってこい」と指示しただけだった。どこからどれだけのお金を持ってくるかは大蔵省の判断に任せた。政治家は大方針を示し、官僚はそれに従って具体案をつくるという「政」と「官」の在り方を、小沢は身をもって示した。

政権を失って下野《げや》していた時代の自民党の、政権奪回のエンジンになったのも梶山だった。

六月十八日、宮沢内閣不信任案可決、宮沢内閣が衆院解散を決定。
六月二十三日、自民党を離党した羽田・小沢派が新生《しんせい》党を結成。
七月十八日、衆議院選で自民党過半数割れ、新生、日本新《にほんしん》、さきがけの新党勢が躍進。
八月九日、新生、社会、公明、民社など八党派による細川非自民連立内閣発足。

――一九九三（平成五）年は、戦後政治史上に刻まれる激動の年であった。自民党が政権の座から滑り落ちるときに、幹事長をつとめたのが梶山だった。

党分裂は、党の責任者として最高の罪である。梶山は、自民党分裂、政権喪失の「A級戦犯」と名指しされた。梶山は、「百日間、喪に服する」と言って、永田町から姿を消した。

国民的人気を背景に長く続くかと思われていた細川政権だったが、細川護熙《ほそかわもりひろ》首相が一九九四（平成六）年四月八日、佐川急便《さがわきゅうびん》からの献金疑惑の責任をとって突然辞任し、わずか八カ月で幕を閉じる。

梶山がターゲットに選んだのは、連立政権の一角を担っていた社会党だった。「細川後」の連立与党の後継首相選びは難航していた。小沢一郎新生党代表幹事と、市川雄一公明党書記長の「一・一ライン」は、新生、公明、日本新の三党に、社会、民社両党の一部、それに渡辺美智雄が連れてくる自民党離党組を足して新政権をつくる「与党組み替え」を画策していた。村山富市社会党委員長、武村正義《たけむらまさよし》新党さきがけ代表を外した連立策である。

小沢の工作は失敗し、羽田孜が四月二十五日、国会の首相指名選挙で首相に選ばれた。しかし、その直後、新会派結成でもめ、社会党が連立政権を離脱した。その結果、二十八日に発足した羽田内閣は社会、さきがけ両党が外れた少数与党政権となってしまった。

この機を待っていたかのように、梶山は五月九日の早朝、東京・九段《くだん》にある衆院議員宿舎六階の自室を出て、エレベーターで九階に上がった。九階には、社会党の村山の住む部屋がある。早朝の時間帯ならば、他の議員や記者に見られることはない。梶山は村山を口説いた。

「米ソ冷戦がなくなったんだから、自社が一緒にやれる時代だ。自社が組めないという考え方こそ五五年体制の発想で、一緒にやることが五五年体制の超克になる。自社の政策が違うというが、羽田連立政権の合意は自民党でもいちばん右だ。あの合意で党内をまとめろ、と言われても難しいよ。社会党は、政策面では新生党より自民党のほうが近いはずだ。自社が協力できないのは、かつてのわだかまりだけだ。自社が協力して安定政権をつくるべきだ」

「俺は絶対にやらん」と首相を拒み続けた村山だったが、翌月の六月二十九日、村山は首相に指名され、「自社さ」政権が誕生した。

自社連立政権樹立は、梶山だけが思いついたわけでも、梶山一人の手柄というわけでもない。しかし、村山というキーパーソンを動かすのに、梶山は大きな役割を演じた。

金融政策の梶山

世の中のポイントを見出す——その手腕がいかんなく発揮されたのは、九〇年代後半の金融危機においてであった。

もともと梶山は金融機関に厳しい態度で臨んできた。橋本内閣で官房長官をつとめていた一九九六（平成八）年、梶山は住専問題の処理に直面する。

住専とは住宅金融専門会社のことで、八〇年代後半、不動産会社などに対して積極的に融資した。不動産会社はその資金をもとに土地を買い漁《あさ》り、地価の急騰を招いた。しかしバブル経済が崩壊し、融資の担保としていた土地の価格が急落すると、住専は多額の不良債権をかかえこむことになった。

住専にカネを供給していたのは、銀行や農協系金融機関であった。銀行などはバブル経済の時代、自分たちの審査基準ではとうてい貸せない案件を系列の住専に回し、金利収入を得ていた。しかし住専が行き詰まると、銀行などは供給していた資金を回収できなくなった。

銀行や農協系金融機関の損失見込み額は、九五年暮れの段階で六兆四千百億円に達していた。

このため村山内閣は、①住専に資金供給していた母体行が三兆五千億円、一般行が一兆七千億円をそれぞれ放棄し、農協系金融機関が住専処理機構に五千三百億円を贈与する、②残りの六千八百五十億円は国が穴埋めし、一般会計から拠出する――ことを、九六年度予算案に盛り込んだ。

九六年の通常国会は「住専国会」となった。

梶山は、六千八百五十億円の財政負担のうち、全部か、あるいは五千億円を向こう五年間に一千億円ずつ支払うようなかたちで、銀行に負担させられないかと考えた。しかし、追加負担の交渉ははかどらなかった。

梶山は記者会見で怒りを爆発させた。

「景気回復のためいま低金利政策が取られている余慶としてこれだけの業務純益があったとすれば、果実は預金者、とくにいろんな意味でご苦労なさっている高齢者や年金生活者に配慮あってしかるべし。すべてを償却に当てて、恬然《てんぜん》として恥じない、銀行の思い上がりというか、『他人くたばれ我れ繁盛』というか、自分のお金だと思っている感覚に大変憤りを感じます。今朝は自分で私憤だと思ったのですが、これはまさに公憤、燃え上がる公憤である。銀行側が神様のような思い上がりをされないで、自分たち自身が経営の責任者として本当に瑕疵《かし》なくやれたのかどうなのか、十分に反省をしてもらいたい。銀行がこれだけ不良債権を抱えたことは、銀行経営者に過失がなかったとしても結果責任は負わなければならない」（五月二十九日）

一九九七（平成九）年十月初めの段階でも、梶山は預金保険法改正案に反対の態度を表明していた。この改正案は、預金保険機構が、合併する二つの銀行のいずれからも不良債権を買い取れるようにする銀行合併促進案である。梶山は、

「マイナスとマイナスを足して、どうしてプラスになるんだ。これは〝銀行救済法〟だ」

と批判していた。

君子豹変す

転機は九七年十月三十一日夜、あるマスコミ関係者との会食の席だった。

マスコミ関係者は以前から梶山のもとに、日本の金融がかなり傷んでいて、深刻な状況に陥っているというレポートを三十回ほど送っていた。梶山は、そのマスコミ関係者と、自分が信頼する与謝野馨《よさのかおる》を、赤坂の料亭「佳境亭《かきょうてい》」に呼んだ。そして、自分の前で議論しろと言った。

マスコミ関係者は、「大手の銀行、証券会社は倒産の危機に瀕している。いま対策を打ち出さなければ金融恐慌に陥る」と力説し、大蔵省の報告を受けている与謝野は「絶対に銀行はつぶれない」と繰り返し、両者の議論は平行線をたどった。梶山は、議論の途中で席を立ち、料亭を後にした。

しかしその三日後の十一月三日、三洋《さんよう》証券が倒産する。梶山は愕然《がくぜん》とした。

梶山は三洋証券倒産を契機に、あらゆる伝手《つて》を頼って情報収集し、どうしたらよいのか対策を考えるようになった。金融に詳しい人間に片っ端から連絡をとり、会える人には会って話を聞いた。

ふだん出歩くときに何も持たない梶山が、デパートの大きな紙袋を持ち歩くようになった。紙袋のなかには、金融、経済に関するさまざまな資料が詰めこまれていた。この資料を寝床にまで持ち込み、分析と検討を重ねた。

三洋証券倒産から二週間後の十一月十七日には、北海道拓殖《たくしょく》銀行が破綻した。そして十一月二十二日には、四大証券会社の一角、山一《やまいち》証券が自主廃業するという衝撃的なニュースが報じられた。

山一証券自主廃業のニュースが流れた翌日の十一月二十三日の日曜日、梶山は慶応《けいおう》大学三田祭《みたさい》に招かれ、午後四時から講演した。私はこの講演を聞きに出掛け、終わったあと出口で梶山を待っていると、東京・九段の寿司《すし》屋「喜与《きよ》し」に誘われた。その席で、梶山は私に言った。

「今週発売の『週刊文春《しゅうかんぶんしゅん》』に、十兆円の国債を発行し、銀行に公的資金を注入する構想を発表するよ。もう小手先のことをしていたんじゃダメだ。オレは銀行を批判してきたけど、このままでは経済に血が通わなくなって日本がつぶれる」

官房長官時代の激しい銀行批判と比べると、銀行へのスタンスはがらりと変わっていた。税金である公的資金を、十兆円も銀行のために投入するというのである。加藤紘一自民党幹事長は、「梶山さんは橋本首相、与謝野馨官房副長官と財政再建路線を敷かれた方だ。三カ月前に（閣内で）決められたわけですから、急にがらっと変わるというのでは、政府を国民は信じなくなってしまう」とぼやいた。

しかし梶山は、かねてからの主張との整合性を問われたインタビューで、「それはもう君子豹変《ひょうへん》しないといけない」と述べた。政治家は変わってはいけないのか、時と場合によっては変わるべきなのか……。加藤紘一は前者の主張であり、梶山は後者だった。どちらが正しいのか。私は、政治家は変わること自体が非難されるのではなく、変わった方向が正当かどうかによって判断されるべきだと考える。

梶山の提言は実に多くの人に読まれ、橋本龍太郎首相も、週刊誌を拡大コピーして読んだ。

橋本は十二月二日、梶山を首相官邸に招き、提言内容の説明をじかに受けた。梶山は説明するかたわら、脅した。

「これは日本のためにやらなければならないことです。もし、やらないというんでしたら、野党と連合軍を組んで危機突破の議員連盟をつくり、議員立法をしてでもやりますから、ご心配なく」

その会談から三日後の十二月五日夕方、梶山のもとに橋本から電話が入った。

「この提言をやろう。梶サンの言う通りだ。私が八日の自民党役員会で指示する。梶サンは大蔵省を説得してくれ」

以後、金融政策といえば梶山といわれるようになり、やがては中曽根康弘元首相、亀井《かめい》静香《しずか》元建設相らによる「梶山首相待望論」を呼び起こし、梶山自身の自民党総裁選立候補につながっていく。

しかしそれは、金融政策こそ当時の日本の喫緊の課題であり、梶山がまさに本能的な政治センスによって、そのポイントをとらえ、政策を提言し、実現していった実績への評価に他ならなかった。

5．「操縦」橋本龍太郎、小渕恵三

「龍チャンは一人遊びをする」

橋本龍太郎は、急死した父親の後を継ぎ、一九六三（昭和三十八）年衆議院議員選挙で初当選した。四十一歳で厚生大臣として初入閣し、以後、運輸大臣、大蔵大臣、通商産業大臣を歴任する。自民党の幹事長、政調会長も務めている。

小渕恵三《おぶちけいぞう》も、橋本と同じ六三年衆院選挙で初当選を果たした。総理府総務長官・沖縄開発庁長官、内閣官房長官、外務大臣を歴任し、自民党副総裁、幹事長を務めた。

自民党のなかで、この人なら総理大臣になってもおかしくないと考えられるキャリアを積んだ最後の世代が、この橋本と小渕の二人だった。

橋本はずっと、変わり者の政治家として見られていた。

厚生行政、行政改革などは「役所の課長補佐級」といわれるほど詳しく、政界で一、二を争う政策通である。しかし、橋本には不勉強な相手をやりこめるところがあった。また、「ケンカ龍太郎」の異名をとり、相手が自分の意見と異なると、理路整然と舌鋒《ぜっぽう》鋭く論破した。

「寄らば斬るぞ」というオーラを発し、担当記者が最初十人ついても、気がついてみれば二、三人しか残っていなかった。

梶山は橋本を評して、こう語っていた。

「龍チャンは、自分の知識をひけらかし過ぎる。こちらが一言言えば『それはねえ』と言って百言い返す。あれじゃ人が集らない」

また、小沢が「龍チャンは一人遊びをする」と揶揄し、渡部恒三《わたなべこうぞう》が「政界の孤児」と呼んだように、橋本は田中、竹下派のムラの論理に染まろうとしなかった。

田中、竹下派が鉄の結束を維持してきた要因のひとつは、何かと理由をつけてはゴルフをともにしたり、酒を酌み交わしたりして濃密な人間関係をつくってきたところにあった。しかし、橋本は酒が強く、ゴルフもするのに、何の目的もなしに議員仲間と交わることを好まなかった。そんな時間があるくらいなら、官僚と政策論争をするか、山登りの友人らと付き合っていたほうがよほど楽しいと考えていた。

竹下派分裂の引き金となった、金丸信の五億円事件と副総裁辞任にも、橋本はほとんど関与していない。

橋本龍太郎。1996年、大相撲初場所千秋楽。初優勝した貴ノ浪に総理大臣杯を授与（共同通信）

金丸が副総裁を辞任した一九九二（平成四）年八月二十七日、橋本は富士山《ふじさん》の九合目にいた。東京・麻布《あざぶ》高校時代の山岳部の友人と一緒に、恩師の川崎春彦《かわさきはるひこ》日展評議員を、工事用ブルドーザーに乗せ登山を試みていたのである。

橋本は山登りとカメラ、プラモデル作りが趣味で、カメラは自分の写真で毎年カレンダーを作るほどの玄人《くろうと》はだしである。山登りでは、ときどき海外の山にまで出かけた。だが、国会議員の社会ではこのような趣味を持つことが、その政治家の実力を計る尺度にはならず、逆に、山に登っているときに大事件が起こったりすると、「こんなとき龍チャンは何をやっているんだ」という評価につながる。富士登山中、ラジオのニュースで金丸の辞任を知った橋本は慌てて下山して、翌日に金丸邸を訪れ、竹下派の会長に留まるよう求めた。

しかし橋本は再び、九月二十一日から十月五日まで、中国に山登りに出かけた。この間に、金丸は五億円受領を認める上申書を東京地検特捜部に提出し、事件が決着している。同じ時期、小沢は予定していた訪米、訪欧を中止した。橋本は、このような大事な時期に外国に出かけるとどういう風評が立つか、わかっていないわけではない。十分に承知していながらも出かけるのだ。

安倍晋太郎に仕えていた党幹事長代理時代には、国会開会中の八八年一月と三月、「中国・日本・ネパール一九八八年チョモランマ・サガルマタ友好登山隊」の日本隊名誉総隊長として、カトマンズやベースキャンプを訪問している。

こうした活動は、国民の目には、従来の政治家にない新鮮なものと映っても、永田町では一匹狼的な行動と見られる。それは政治面では、手下がいないという欠点につながった。

橋本に子分がいないという点を、もう少し説明する。

橋本、小渕は六三（昭和三十八）年衆議院選の初当選組である。それに対して、小沢、羽田、渡部、梶山、奥田敬和《おくだけいわ》は六九（昭和四十四）年初当選組だ。六九年初当選組には、他に森喜朗《もりよしろう》、社会党の土井《どい》たか子《こ》、共産党の不破哲三《ふわてつぞう》らもいて、「花の四十四年組」と呼ばれ、八〇年代から二十一世紀初頭の日本政治の中心的存在となった。

田中派内の六九年初当選組の結束は強く、自分たちより後に当選してくる議員とともに「七日会」を組織し、派閥運営の主導権を握った。六九年組は田中が自民党幹事長のときの衆議院選で当選してきただけに、田中もかわいがった。

それに対して、橋本、小渕が国会議員となったのは佐藤《さとう》派の全盛期で、佐藤栄作《さとうえいさく》に対する忠誠心が強かった。橋本が結婚したときの媒酌人は佐藤栄作で、長女の名前は佐藤夫人の寛子《ひろこ》からそのままもらっている。田中派の人間模様を家族にたとえるなら、田中と橋本、小渕は佐藤家の兄弟分なのに対し、田中と小沢、羽田、梶山らは田中家の親子の関係となる。

そのような巡り合わせも作用して、橋本には手下と呼べる議員がいなかった。

用兵の妙

そのような橋本であるが、人を使うセンスを持っていた。

一九九六（平成八）年、橋本内閣が成立すると、橋本は官房長官に梶山を据えた。その人事の理由を記者会見で聞かれ、橋本は次のように述べている。

「私の持っていないものをたくさん持っていらっしゃるし、いままでも厳しいお小言をいただいた。こんな立場になると、率直にものを言ってくれる人が少なくなる。私が間違ったときに遠慮なく言ってくれる人が身近に欲しいと思った。これからも率直にものを言っていただきたい」

橋本政権は、梶山が官房長官をつとめていた間は、きわめてうまく運営されていた。それは梶山が、橋本が苦手とする与党、野党との交渉をきちんとこなしていたからだ。橋本は、行政府の長としての職務に集中することができた。

当時の野党は、非自民連立政権時代の与党が合流した新進《しんしん》党と、共産党である。共産党が自民党に協力するはずはなく、野党対策は、すなわち新進党工作となった。新進党では、小沢が党首をつとめていた。

梶山は、加藤紘一幹事長ら自民党執行部が、新進党とまったく話し合いを持っていないことを知って愕然とする。

「彼を知り己を知れば百戦殆《あや》うからず」

敵と味方の情勢を知り、その優劣・長短を把握していれば、何度戦っても敗れることがない、という孫子《そんし》の言葉を、梶山はこの頃好んで用いた。梶山は、小沢を、野党との交渉の重要なパイプとしながら政局を運営していく。

中でも、政権の重い課題になっていた基地用地問題については、橋本は、梶山に一切を任せた。

米軍基地用地は、国有地以外は、国が民間人らの土地を借り、日米安保条約に基づいて米軍に提供されている。しかし、米軍楚辺《そべ》通信所の地主のうち、知花昌一《ちばなしょういち》さんが使用期限が切れるのを機に返還を求め、国は新たな賃貸契約を結べない状態に陥った。翌九七年には嘉手納《かでな》飛行場など十二の施設で三千人の地主が返還を求める構えを示し、日本が安保条約上の基地提供義務を果たせなくなる事態が想定されていた。

梶山は「日米安保の問題では、連立を組む社民党《しゃみん》の協力を得るのはダメかもしれない」と読み、新進党に手を打った。この工作は、九七年四月、駐留軍用地特別措置法（特措法）処理で実を結んだ。

ずけずけ意見を言う梶山をあえて自分の女房役に据えた人事は、橋本の用兵の妙が発揮された人事だった。

小渕恵三の「わからんだあ。教えてくれ」

人の使い方を熟知しているという点では、小渕恵三も同様だった。

小渕の〝やり方〟は一流である。

「わからんだあ。教えてくれ」と平気で言って教えを乞い、そして人の意見によく耳を傾ける。自分ではできないと思ったら、「おれ、できんからやってくれ」と、平気で人に仕事を任せた。ひとことで言えば、自分をおとしめ、相手を動かす方法である。

それはきわめて特異な能力である。なぜなら、政治家はプライドが高く、自分を蔑《さげす》むことはなかなかできない。自分を捨てて人を動かすという方法において、小渕は天才的だった。

中曽根康弘元首相は、「小渕君はなんでも吸い込む真空だ」と評したが、それ以後、小渕は自分自身で「真空総理」と称するようになった。中曽根に言われた皮肉を苦にせず、むしろ喜んで吹聴《ふいちょう》した。首相自ら電話をかける「ブッチホン」も話題になったが、批判された相手にまで電話をかけ、「批判してくれてどうもありがとう」と礼を述べた。なかなかできる芸当ではなく、実はいちばん頭が良かったのは小渕だったかもしれないとさえ思わせられる。

小渕恵三。1999 年、「ブッチホン」が「日本新語・流行語大賞」に選ばれ、巨人・上原浩治投手（左）、西武・松坂大輔投手（右）とともに表彰される（共同通信）

「人たらし」――小渕に仕えた秘書官は、そう評した。小渕内閣では野中広務《のなかひろむ》と青木幹雄《あおきみきお》が官房長官をつとめた。彼らに対してさえも、「この人は、おれが一所懸命やらなければつぶれてしまう」と思わせた。野中は一九九八（平成十）年七月、小渕内閣の官房長官に就任すると「反小沢の急先鋒」の旗を降ろし、一転して小沢との融和に動いた。

「私は法案を通すために、小沢さんにひれ伏してでも頼むことは内閣の責任だと思っている」

野中はこう言って、自由《じゆう》党党首だった小沢一郎に頭を下げ、小渕政権に引き込んだ。こうした努力の甲斐あって、政権はじょじょに安定し、首相就任直後は低かった内閣支持率も、発足から半年が経った一九九九（平成十一）年初めから、だんだんと上昇した。それは、周囲がうまく回り始めていた証拠であった。

しかし脇の甘そうに見える小渕だが、「人事の佐藤」と呼ばれた佐藤栄作の遺伝子は、きちんと継承していた。

安倍晋三、福田康夫、麻生太郎の三代首相が行う閣僚や党三役人事を見ていると、人事権者である総理総裁は、果たして人を見る目があるのかと、疑問を抱かざるを得ない。

安倍は新内閣での官房長官に、閣僚経験がない塩崎恭久《しおざきやすひさ》を起用した。安倍と塩崎は、新人議員時代から政策集団で行動をともにしており、気心の知れた関係だったが、「お友達内閣」と批判された。また、内閣の目玉として首相補佐官を五人に増員し、小池百合子《こいけゆりこ》、根本匠《ねもとたくみ》、中山恭子《なかやまきょうこ》、山谷《やまたに》えり子《こ》、世耕弘成《せこうひろしげ》があてられた。しかし、安倍と直接つながっているだけで、横の連絡はないどころか、塩崎と五人の補佐官が牽制《けんせい》し合った。彼らと、安倍が官邸に連れて入った井上義行《いのうえよしゆき》政務秘書官との関係が常にぎくしゃくしていた。

改造内閣では、「お友達内閣」批判の反省から、官房長官に与謝野馨、自民党幹事長に麻生太郎を据える。すると今度は、重要案件は与謝野と麻生が実質的に判断し、安倍は蚊帳《かや》の外に置かれることになった。塩崎ら「お友達」も官邸を去り、安倍は孤独を深め、体調の異変も重なって突然の辞任にいたる。

福田内閣も参謀が不在だった。福田康夫首相は安倍改造内閣をほとんど引き継いだが、自民党幹事長に伊吹文明《いぶきぶんめい》、官房長官に町村信孝《まちむらのぶたか》を起用した。伊吹も町村も民主党とのパイプは鳩山由紀夫《はとやまゆきお》幹事長以外になく、日銀総裁人事では鳩山にすっかり翻弄された。敵の大将、小沢一郎と話しているのは福田一人。福田とのパイプが途絶えると、話し合いの糸口はほとんどなくなった。安倍政権にも、福田政権にも、梶山や野中に匹敵する参謀がいなかったことが政権の落日を早めた。

この傾向は、二〇〇八（平成二十）年九月に発足した麻生政権になってさらに強まった。細田博之《ほそだひろゆき》幹事長は秋の衆院解散を盛んにアナウンスしたが、麻生は見送った。幹事長がはっきりと解散を言明していて、そうならなかったのは麻生の心変わりのせいなのか、細田の早合点のせいか……。河村建夫《かわむらたけお》官房長官は首相との意思疎通すら図れず、「お互いに『すれ違い夫婦』みたいなもんで……」と記者会見で語った。麻生が連れてきた総務省出身の岡本全勝《おかもとまさかつ》秘書官に対する風当たりも強い。幹事長と官房長官、それに秘書官までが首相の足を引っ張っているのでは政権の立て直しは容易ではない。

ひるがえって、小泉純一郎首相が自民党幹事長に武部勤《たけべつとむ》を起用したとき、自民党内は

「なにをバカなことをするのか」とざわめいた。BSE問題で農水相として失言を繰り返していたからだ。しかし幹事長になってみると、武部の忠誠心、「偉大なるイエスマン」ぶりは、小泉政権にとってなくてはならないものとなった。小泉の、人を見る目の確かさを知らされた一例である。

政治を動かすことは、すなわち人を動かすことだ。人の配置を間違えると、政権が十分に機能しなくなる。人を配置するには、一人ひとりの政治家の能力、性格などを知り、そのポストにふさわしいかどうかを判断しなければならない。そのポストにいちばん適合する人を就けられるかが、勝負の分かれ目になると言っても過言ではない。

最高権力者は、人を見る目が何より大事だ。橋本にも小渕にも、卓越した人を見る目があった。

6.「言葉」小泉純一郎

スピード感

二〇〇一（平成十三）年から二〇〇六（平成十八）年、足掛け六年間にわたって首相をつとめた小泉純一郎は、短期間で次々と首相が交代する近年の日本において、最も成功した首相といってよいだろう。首相在任日数は千九百八十日で、戦後では、佐藤栄作、吉田《よしだ》茂《しげる》に次ぐ三番目の長さとなった。

小泉には二つの大きな能力があった。そのひとつは、政治を動かす卓越した政局観である。そして政局観のなかでも、小泉の持つスピード感は局面ごとに冴えわたっていた。小泉内閣も何度か、閣僚交代の危機を迎えている。しかしスピードを重視してダメージをコントロールするため、政権にとって大きなエラーにつながらなかった。

二〇〇四（平成十六）年五月七日午前の記者会見で、福田康夫官房長官が突然辞任を発表した。小泉政権を三年余りにわたって支え続けてきた、大物官房長官の辞任である。引き金は、国民年金未納問題だった。福田は先に、国会議員になって以後、三年一ヵ月間の、国民年金未納・未加入期間があると公表していた。しかし、その日発売の『週刊文春』が、国会議員になる前にも、福田には、延べ五年八カ月の国民年金未加入期間があったことをスクープした。

福田の辞意が固いことを知り小泉は了承する。すぐさま、後任の人事に入った。新聞の夕刊に後任が載るよう、すぐに細田博之官房副長官の昇格を決め、発表した。七日夕刊には福田辞任と細田昇格が並び、波紋は一日で収まった。

二〇〇二（平成十四）年の田中真紀子外相更迭も、決断は早かった。

田中真紀子は、小泉総裁を誕生させた功労者である。二〇〇一年の総裁選で、田中は小泉とともに全国を遊説《ゆうぜい》に回り、小泉支持を訴えた。田中人気のため遊説先はどこも聴衆であふれかえり、小泉当選の原動力となった。

しかし、総裁選の論功行賞で外相に就任した田中は外務省とたびたび軋轢《あつれき》を起こしていた。十月には、自身の思う省内人事ができないことに業を煮やした田中は、自ら人事課に乗り込み、二時間近く室内に立てこもる。人事課で、自ら陣頭指揮をとって人事書類を作成しようとしたのだった。翌月には、官房長から書類が届かないこと、自分の指輪がなくなったことに腹を立て、イラン外相との会談に三十分遅刻した。

そして年が明け、アフガニスタン復興支援国際会議へのNGO（非政府組織）排除問題が起こった。

この騒動は、NGOピースウィンズ・ジャパンが、外務省から復興会議への参加を拒否されたことに端を発した。ピース代表者である大西健丞《おおにしけんすけ》さんはその数日前、朝日新聞紙上で、「お上の言うことはあまり信用しない」と発言していた。これを外務省は問題視し、「鈴木《すずき》宗男《むねお》自民党前総務局長が怒っている」と伝え、会議への参加を拒否した。

小泉純一郎。2005年、郵政解散の衆議院選で応援演説（共同通信）

田中外相は野上《のがみ》義二《よしじ》外務事務次官らから、鈴木宗男の介在を認める発言を聞いたとコメントする。一方、次官らは、鈴木が圧力をかけたことはなかったとし、両者の言い分は真っ向から対立し、国会を巻き込む大騒動にまで発展した。

騒動勃発から十日後。このままでは補正予算案成立の目処《めど》が立たないと判断した小泉は、田中外相、野上事務次官を更迭した。鈴木宗男も、衆院議院運営委員長を辞任した。「三方一両損」の幕引きと言われた。

田中は小泉政権の人気を支えてきた屋台骨である。いってみれば小泉は、田中真紀子という〝プロパガンダの雄〟を手放した。更迭はそのまま内閣支持率の急落につながり、毎《まい》日《にち》新聞世論調査では、一カ月前より、支持率を二四ポイント落とした。

だが、これは、ギリギリの選択だった。これ以上、閣内に田中を抱えていれば、政権はより大きなダメージを受けることになったであろう。しかし、あたかも悪いのは田中のほうだというイメージが広がり、田中が飛び出た印象を与える更迭劇となった。田中更迭で下げた支持率は、やがてじょじょに盛り返していった。

それに対して思い起こされるのが、安倍内閣時の閣僚の不祥事への対応ぶりである。

安倍内閣の松岡利勝農水相の資金管理団体は、議員会館に主たる事務所を置きながら、二〇〇三年に四百万円超、二〇〇四年に五百万円超の光熱水費を計上していた。二〇〇一年から二〇〇五年までの五年間で、約二千八百八十万円が計上されていた。ちなみに議員会館は、水道代、冷暖房代は無料である。松岡は、「ナントカ還元水」という浄水器にかかっていたと弁明する。しかし事務所に浄水器は見当たらず、「ナントカ還元水」なるものの存在自体が不明であることが次々と発覚し、疑惑は深まるばかりとなった。

しかし安倍は松岡をかばい続けた。結局、松岡が農水相を辞任するのは、自身の自殺によってであった。延々と続く松岡への疑惑の追及は、安倍内閣の支持率をどんどんと落としていった。

松岡の後任として農水相に就任したのは赤城徳彦である。赤城は就任直後から疑惑にさらされる。赤城の政治団体が、事務所としての実体がない赤城の父親の自宅を、主たる事務所として届け、二〇〇五年までの十年間で、約九千万円の経費を計上していた。赤城の母親もマスコミの取材に対し、「事務所として使ったことはありません」とコメントしていた。

安倍は、またもや赤城をかばい続けた。

事務所費問題が追及されている最中、赤城は閣議後の記者会見に、顔に大きなガーゼとばんそうこうを貼った姿で現れる。記者から「どうしたのか」と質問を受けても、「大したことじゃない」「何でもない」を連発して説明を拒否した。赤城に対する不信感はいやがうえにも増した。

自民党は直後の参議院選で惨敗を喫し、民主党が参議院の第一党となった。自民党公認候補者舛添要一《ますぞえよういち》が、「選挙前なのに、自分らを後ろから銃で撃つような行為」と批判したとおり、「ばんそうこう」が惨敗の大きな原因となった。

小泉の継承者を標榜した安倍だったが、人事センスやリスクマネジメントの力量には雲泥の差があった。

聴衆を一気に引き込む力

小泉純一郎のもうひとつの強さは、言葉だった。

ユタ大学の東照二《あずましょうじ》教授は、『言語学者が政治家を丸裸にする』(文藝春秋)のなかで、話し方には、リポート・トークとラポート・トークの二種類があると説いている。

リポート・トークとは、「東京オリンピックは一九六四年に開催されました」「国の一般会計歳出予算は、一九六三年度で、二兆八五〇〇億円、二〇〇三年度で八一兆八〇〇〇億円でした」などといった、単純に情報を伝える話し方である。それに対して、ラポート・トークなるものがあるという。

ところが、私たちは毎日、この情報中心のリポート・トークだけをしているわけではない。単に情報を伝えるということ以外に、情報というよりは、相手、聞き手と自分との人間関係にかかわるような話し方もしているといえる。特に、相手との心のつながりを確認したり、共感、信頼感を高めたり、親しい感じを育てたりするために、ことばを使う場合もある。このように、聞き手との心理的なつながりに関係する、情緒中心のことばの使い方は、「ラポート・トーク」(rapport talk) とよばれている (中略)。つまり、ことばには、情報中心のリポート・トークと、情緒中心のラポート・トークという二つの働きがあるということになる。(前掲書)

東教授は続いて、夫婦の会話を例にあげながら説明している。わかりやすいので引用してみよう。

妻：今日、一日、どうだった？
夫：うーん、特に……

妻：……でも、何もないってことはないでしょう。どうだった？
夫：いや、別に……
妻：あなたって、いつもそうなんだから。
夫：……（この後、会話が途切れる）（同前）

この例では、妻はラポート・トークを試みようとしているが、夫はリポート・トークで応じようとし、会話は齟齬《そご》を来たしているのだ。

そのうえで東教授は、ラポート・トークをする政治家の典型が田中角栄と小泉であり、リポート・トークの典型が、安倍だと指摘する。

ある落語家から聞いた話だが、高座に上がって最初にすることは、お客との垣根をとり払うことだそうだ。それを、小泉は見事に行うことができた。選挙のとき、私も何度か小泉の街頭演説を聞きに行った。小泉は街宣車の上でマイクを握ると、やおら、「いやあ、暑いときに来てもらって、どうも。そこの遠くのビルにいる人も、どうも」と、手を振りながら演説を始めた。聴衆はそれだけで、「おおっ」と思わせられる。演説に、内容はほとんどなかった。いや、小泉の演説に、内容など必要なかったのかもしれない。

それでも小泉の共感を呼ぶ演説は圧倒的だった。小泉の言葉の強さは二〇〇八年九月二十五日の政界引退表明後も変わらない。

「私は最近の（麻生太郎）首相の発言について、怒るというよりも笑っちゃうぐらい、もう、ただただあきれている」（〇九年二月十二日、自民党「郵政民営化を堅持し推進する集い」で）

小泉はこの発言で、「郵政民営化に賛成じゃなかった」などと不用意な発言を繰り返す麻生首相を見事に一刀両断にした。

スポーツ新聞の見出し

小泉の政治手法を説明するとき、ワンフレーズ・ポリティックスという表現がよく使われる。

いわゆる、「官から民へ」「自民党をぶっこわす」「改革なくして成長なし」「恐れず、ひるまず、とらわれず」など、自らの主張をひと言にこめてしまう方法だ。

だが、その方法がテレビ時代と合致した。今や視聴者が、一分以上、じっくりと政治家の話に耳を傾けることはなくなった。つまらなければ手元のリモコンで次々にチャンネルを換えるザッピングをする。規制緩和のプラス面とマイナス面を縷々説明し、やはり規制緩和が必要だなどといった〝論〟を展開したところで、誰も聞きはしない。だが、「官から民へ」のひと言で主張が伝わった。二〇〇一年の大相撲《おおずもう》夏場所千秋楽では、怪我《けが》をしながらも優勝を果たした貴乃花《たかのはな》に対して、「痛みに耐えてよくがんばった。感動した！」と絶叫した。その台詞も、短いからこそ、人々の記憶に長く印象深く残ることになった。

首相就任前、小泉は一匹狼的政治家で、政界に友人は少なかった。子分と呼べる議員もいない。だから朝は、いつも議員宿舎でひとり朝食をとっていた。そのとき小泉は、スポーツ新聞ばかりを読んだ。政治家でスポーツ新聞しか読んでいないのは珍しいが、「見出しの勉強をしている」と言うのを、ある人が聞いている。若いころから、キャッチフレーズの大切さを認識し、その能力を身につけようとしていた。

小泉という政治家は、若いころから〝変わり者〟だった。

「自分の発言にオフレコなし」

などと言っていたが、オフレコでも大したことを言っていなかった。とはいえ、政治の見方は新鮮だった。印象的だったのは、二〇〇五年八月八日の郵政解散の数日後に小泉と

話したときのことだ。「勝てるんですか」と聞くと、

「選挙はやってみるまで分からない。勝って良し、負けて良し。勝っても負けてもどっちでもいいんだ。郵政民営化が国民から支持されるのか、支持されないのか、それを聞いてみたい」

と、こともなげに答えた。勝てると思って解散したと推察していたので、拍子抜けする思いだった。

小泉が勝利する二〇〇一年の自民党総裁選では、最大派閥の支持を受けて橋本龍太郎が出馬した。選挙戦が始まったころ、私は橋本の当選を確信していた。他の政治記者も同様だっただろう。しかし、派閥の締め付けが進む前に、田中真紀子との演説で一気に小泉ブームが巻き起こり、党員投票は小泉に雪崩《なだれ》を打った。

まさか小泉が、これほどの宰相になるとは、正直なところ、まったく予想できなかった。

7.「あやふや」麻生太郎

「すぐクビを斬れ」

安倍晋三、福田康夫の、二代連続の政権放り投げのあとを継いだのが麻生太郎だった。就任後すぐに政権末期なみの支持率となった麻生だが、もともとは、すぐれた直観力を持った政治家である。

首相就任から約一カ月後、私は偶然、田母神《たもがみ》論文問題が起きた夜に麻生と席を同じくしていた。

二〇〇八（平成二十）年十月三十一日、航空自衛隊のトップである田母神俊雄《たもがみとしお》航空幕僚長が書いた論文が、アパグループ主催の「『真の近現代史観』懸賞論文」最優秀賞に選ばれたことがわかった。その日の夜、アパグループのホームページ上で発表され、また報道各社にリリースが配布されたことで明らかになった。論文のタイトルは、「日本は侵略国家であったのか」だった。論文には、以下のように書かれていた。

「中国政府から『日本の侵略』を執拗に追求されるが、（中略）我が国は蔣介石により日中戦争に引きずり込まれた被害者」
「東京裁判はあの戦争の責任を全て日本に押し付けようとしたものである。そしてそのマインドコントロールは戦後63年を経てもなお日本人を惑わせている。日本の軍は強くなると必ず暴走し他国を侵略する、だから自衛隊は出来るだけ動きにくいようにしておこうというものである」

麻生太郎。2008年、首相官邸で記者の質問に答える（共同通信）

「このマインドコントロールから解放されない限り我が国を自らの力で守る体制がいつになっても完成しない」

情報を聞いた麻生は私の目の前で、「すぐクビを斬れ。明日の朝刊に更迭という話がでるようにやれ」と、浜田《はまだ》靖一《やすかず》防衛相に伝えた。「明日まで持ち越してはダメだ」と、早急の対応を指示したのだった。

浜田はその日のうちに田母神の更迭を決定、田母神は航空幕僚監部付に。更迭は、翌日の新聞各紙の朝刊一面に掲載された。

麻生は物事が起きたとき、それをどのような方向で解決していくべきかを見通す直観力は、非常にすぐれている。リーマン・ブラザーズ破綻が引き金となった世界金融恐慌についても、「大変な事態だ。すぐに対応しろ」と、敏感に問題を察知し、関係閣僚に指示を与えた。

ディテールの危うさ

それにもかかわらず麻生の人気と支持が、つるべ落としのように低下しているのはなぜか。原因は、わかりやすいミスを連発し続けているからだが、それも、やはり麻生の資質そのものに起因していると指摘せざるを得ない。

麻生への風向きが変わりはじめたのは、ホテルのバー通いが報じられたころからだった。就任から連日のようにホテルの飲食店に繰り出し、最後はバーで締めていることを報じられたことを受け、麻生は、「ホテルのバーって、そんなに高い所じゃないっていうのは、ご存じじゃないんでしょうか」と発言して、金銭感覚を問う声が一斉に上がった。国会の委員会でカップめんの値段を、「いま四百円くらいします？」と答弁したことも、拍車をかけた。

続いて、「踏襲」を「ふしゅう」、「未曾有」を「みぞうゆう」、「頻繁」を「はんざつ」と、漢字の読み間違いを連発した。ついには、漢字が読めない〝KY首相〟のレッテルまで貼られた。

しかしなんといっても首相の迷走ぶりを国民に印象づけたのは、定額給付金の問題だった。景気対策のため、一人あたり一万二千円、十八歳以下の子どもと六十五歳以上の高齢者には、さらに八千円を上乗せした二万円を給付するという制度に対し、与謝野馨経済財政相が、「高所得世帯に渡すのは変」「バラマキといわれる」と、所得制限をもうける必要性を説き、閣内の意見不一致が白日のもとにさらされた。最終的には、所得制限は各自治体任せにするという無責任な結論に達し、首相の指導力のなさを印象づけた。

これらのことすべてが、麻生の、あやふやさに起因している。

マンガを読むことを非難するつもりは毛頭ない。しかし、ふつうに新聞を読んでいれば自然に身につくだろう知識や論理構成の緻密さが麻生には欠落している。大局では勘の良い発言をしていても、ディテールにいけばいくほど危うくなる。記者の立場から言うと、その場の話としては面白いものでも、もう一回確認をとる必要があると感じさせられることが多い。

二〇〇八年十一月の全国知事会で麻生は、医者は「社会的常識がかなり欠落している人が多い」と発言し、日本医師会などから猛反発を受けた。しかしこの、医者は社会的常識がないという言葉は、戦後長く日本医師会の会長をつとめた武見太郎《たけみたろう》から、麻生が直接聞いた話だった。武見の言葉からの引用とことわれば、受け止められ方は少し変わっていたかもしれない。しかし麻生は、面白い話だからと、自分の考えのように語ってしまう。伝聞によるあやふやさと、大ざっぱさが、騒動を招いた例だった。

このように例をあげてくると、小泉純一郎を思い浮かべられるかもしれない。小泉のほうが、もっと大ざっぱだったのではないかと。しかし小泉は、ディテールに踏み込まない政治家だった。〝丸投げ〟と批判されたが、「それは、そこへ任せてあるから」と、細かいところに立ち入ろうとしなかった。自分は大枠の話ばかりを繰り返し、何を聞いても、同じ答えしか返ってこなかった。それに対して麻生には、〝見せたい〟という気持ちがどうしても働いてしまう。そして、なまじディテールに入りこんでしまうきらいがあるのだ。

それに、麻生は非情になりきれない弱さも露呈した。

中川昭一《なかがわしょういち》財務・金融担当相は二〇〇九年二月十四日、ローマで開かれた主要七カ国財務相・中央銀行総裁会議（G７）後の記者会見で、もうろうとした状態でかみ合わないやり取りを繰り返した。ろれつも回らず、見た目には酔っぱらい同然だった。これに対して、麻生は十六日、中川に「体調管理をしっかりして、職務に専念してほしい」と指示した。

この判断自体がかなり甘かった。世界に発信されたあの映像の重大さを考えるならば、麻生が中川をしかり飛ばし、即刻罷免すべきだった。しかし、麻生は盟友・中川をかばう気持ちが先に立ち、「泣いて馬謖《ばしょく》を斬る」ことができなかった。

擁護の方針を貫くなら、それも一つの方法だ。だが、翌十七日昼、中川が記者会見で二〇〇九年度予算案・関連法案の衆議院通過後に辞任する意向を表明するのを容認した。これに批判が強まると、中川が辞表を届けるのを受理するほかなくなった。「辞めない→いずれ辞める→すぐに辞める」と、まるで「辞任の逐次投入」（世耕弘成参議院議員）する政権の姿に、政権担当能力の欠如が浮き彫りになった。

六つの力

取材を通して接してきた政治家たちの姿をふり返りながら、政治家に必要な六つの力を見てきた。

田中角栄の「風圧」力は、命をかけて国民と向かい合い、日本を自分の手でつくるのだという政治家としての気迫であった。

竹下登の「運用」力とは、立法府である国会と、行政府である内閣とその手足となる官僚を、フル回転させて国を前進させる知恵である。

金丸信の「デザイン」力とは、利害が対立し、ともすれば立ち往生しがちの政界に流れをつくり出す構想力だった。

梶山静六の「軍師」力は、その時代にもっとも重要な問題点を政治家の勘で見出し、解決のため戦略と戦術を構築し、実行してゆく力である。

橋本龍太郎、小渕恵三の「操縦」力は、適材を適所に配して思う存分働かせる、トップとして重要な〝人を見る目〟である。

そして小泉純一郎の「言葉」力は、日本をどのような国にしたいのか、はっきりと国民に説明する力だった。

この六つの力こそが、私が考える、政治家にとって必要な力であり、政治家の資質を見極める際の〝判断基準〟である。大正生まれの田中、竹下、金丸、梶山は太平洋戦争中にそれぞれ軍隊に入り、人間の生死を目の当たりにした。死を命じることもある国家を体験し、戦後は敗戦で焦土化した日本を立て直そうと政治家の道を選んだ。そして、激しい政争の中で自分を磨いた。

橋本や小渕はこの四人との交流の中で政治経験を積み、小泉はこの四人と敵対することで勝つ方策を学んだ。橋本、小渕は十二年生まれ、小泉は十七年生まれと昭和フタケタ世代だ。

「小泉後」を担った安倍は戦後生まれだが、福田や麻生は十一年、十五年生まれと昭和フタケタ世代だ。同じ世代に属する五人を橋本、小渕、小泉と、福田、麻生に分けて政治家の能力を量ると大きな違いがある。政治家の能力は世代論で割り切れるものではなく、生きた時代だけで判断できるものではない。

また、田中、金丸、竹下、梶山がたたき上げであるのに対し、橋本、小渕、小泉、安倍、福田、麻生はすべて世襲議員だ。

政治家の能力とは後天的なものなのか、先天的に備わっているのか。すなわち、教育、訓練によって成長していくのかどうか、次章以降で考えたい。

第二章

人かシステムか

っている。

政治改革＝選挙改革に

一九九〇年代前半の政治改革論議とその報道のあり方について、私は忸怩《じくじ》たる思いを持っている。

政治改革論議に火が着いたきっかけは、一九八八（昭和六十三）年六月に発覚したリクルート事件だった。リクルート社江副浩正《えぞえひろまさ》元会長が、リクルートコスモスの未公開株を、政治家に秘書や親族の名義で贈り、秘書らは店頭公開後に売却することで数千万円の利益を上げていた。未公開株を贈られた対象として、竹下登首相、安倍晋太郎幹事長、宮沢喜一蔵相ら自民党の実力者のみならず、野党議員らの名もあがった。

やがて竹下の金庫番・青木伊平《あおきいへい》が、江副元会長から五千万円を借りていたことが発覚し、竹下内閣が退陣する。

腐敗した政治を変えるには政治改革が必要であるという空気が醸成された。

リクルート事件では、自民、社会、公明、民社の各党有力議員、文部、労働両省の元事務次官、有力財界人にいたるまで、未公開株を受け、その広がりにおいて未曾有の事件だった。そのため、リクルート事件後の政治改革論議は、議員個人に信頼を置いた対策ではもはや国民の納得は得られないというところから出発した。自民党が竹下退陣表明から一カ月後の一九八九（平成元）年五月二十三日にまとめた「政治改革大綱」には次のように記された。

「政治と金の問題は政治不信の最大の元凶である。これまでわれわれは、政治倫理は第一義的には、個人の自覚によるべきであるとの信念から、自らをきびしく律する姿勢の徹底をはかってきたが、多額の政治資金の調達をしいられる政治のしくみ、とくに選挙制度のまえには自己規制だけでは十分でないことを痛感した。したがってわれわれは、諸問題のおおくが現行中選挙区制度の弊害に起因しているとの観点から、これを抜本的に見直すこととする」

大綱はまた、選挙制度改革の具体策として「国民本位、政策本位の政党政治を実現するため、小選挙区制の導入を基本とした（中略）、少数世論も反映されるよう比例代表制を加味することも検討する」と明記した。つまり、小選挙区比例代表制ならば、政治が良くなるという論理を構築した。

要約すると、衆院の中選挙区制度を小選挙区比例代表制に変えれば、選挙に金がかからなくなって腐敗の根源が断ち切れ、政策本位の政党政治が実現する——と、政治改革推進論者は考えたのである。

「改革」という名の呪文

忸怩たる思いと書いたのは、マスコミもまた政治改革と選挙制度改革をイコールで結び付けてしまったからである。

この時期から、一九九四（平成六）年一月に細川護熙非自民連立政権下で政治改革四法が成立するまで、政治改革を断行すれば、日本の政治が変わるという「信仰」が、政界のみならず、政治学者、有識者にまで蔓延《まんえん》した。

選挙制度改革に対する問題提起であれば、本来は、選挙制度自体の善《よ》し悪《あ》しが議論されるべきである。ところがこれに政治改革という冠をかぶせてしまったため、政治改革に賛成か反対か、という議論にすり替わってしまった。そうなると結論ははっきりしている。政治改革「推進派」対「消極派」という構図で報道されれば、当然誰もが消極派と書かれるのを嫌う。「推進派」と呼ばれたいのが人情なので、ほとんどが「推進派」になる。その結果、「政治改革」は一時期反対を受けることなく進んだ。しかし、「政治改革」の内実たるや選挙制度改革なのであった。

「改革」という言葉は、日本政治において国民の支持を取り付ける呪文《じゅもん》だ。政治改革から約十年後に小泉純一郎が「構造改革」を唱え、国民の強い支持を得た。「教育改革」もほとんどの内閣が唱え、教育改革を唱えない政治家を探す方が難しい。しかし、その結果、教育が良くなったという話は全く聞かない。「改革」という言葉には、その実態を吟味させずに、世の中が大きく変わるような錯覚に陥らせる力がある。

そもそも中選挙区制度への批判はこのときに始まったことではなかった。戦後、昭和電工《しょうわでんこう》事件（一九四八年）やロッキード事件（一九七六年）など、政界の汚職、政官業の癒着、政治とカネにまつわる事件や疑惑が起きるたびに、問題の根本は中選挙区制度と言われ続けてきた。それが、リクルート事件によって、いよいよ政治改革は喫緊の課題であるとなったときに、改めるべきは選挙制度であるという方向に議論が進んだのだった。

こうして政治改革＝選挙制度改革という構図が完成し、そして中選挙区制度は悪であると決めつけられた。具体的な検証がなされないまま、中選挙区制度を何らかの新しい選挙制度に変えれば今ある政治の腐敗はほとんど解決する、というイメージができあがった。

「官僚の野望ではなかったか」

当時の自民党内で、選挙制度改革がどのように論じられていたか、簡単にふれておきたい。まず改革推進派の主張を見てみよう。

中選挙区制は、一選挙区から複数名が当選できるので、政策に違いのない同一政党内の候補同士もライバルとなる。すると、特に与党議員は地元への利益誘導によって票の獲得をはかる。また、選挙区内で一番人気でなくても、一部の地元利益団体とつながって一定数の票を確保できれば、当選が可能である。

小選挙区制を導入すれば、一選挙区に各党の候補者は一人となるため、同じ政党候補同士の争いは起きなくなる。また投票者の半数近くの票を得なければ当選できないので、特定の利権より広範な市民の利益が優先されるようになる。更に、二大政党制、政権交代が容易になるため、野党の利益にもかなった制度だと主張された。

これに対して、中選挙区維持派は選挙制度を変えたからといって政治が浄化されるわけではない、選挙区が小さくなる分、選挙運動はかえって激しくなる、小選挙区制度の下で二大政党化すれば有権者は二人の候補のどちらを選ぶかしか選択の余地がなくなる——などと主張した。

そもそも、選挙制度がどう機能するかはその国の社会構造によって変化するのであり、社会構造から生み出される汚職等を選挙制度改革によって封じ込めるのは筋違いではないか。私は改革推進派の後藤田《ごとうだ》正晴《まさはる》に「選挙制度を変えることによって社会を変えようとしているんですか」と尋ねると、「そうだ」という答えが返ってきて愕然とした記憶がある。

しかし、選挙制度改革を進めようとする強力な牽引役《けんいん》がいた。小沢一郎である。小沢は、竹下内閣の危機が深まるのを目の当たりにして、起死回生の一打として選挙制度改革の実現を目指していた。彼は官房副長官時代の八九年三月八日、次のように話している。

「小選挙区比例代表制にして、みんなが満足する案があるんだ。たとえば定数五百、選挙区三百、比例二百に仮定すると、公明党は三十～四十取れる。民社は現状維持、社会党は半減して五十、共産党は十程度だ。公明、民社両党にはそう言ってある」

この定数配分は、細川政権下の九四年に成立した法律と同じ内容である。各党の議席は、旧新進党が解党した後の二〇〇〇年衆議院議員選挙で、自民党は二百三十三、民主党は百二十七、公明党は三十一、共産党二十、社民党十九である。民主党の登場で予測がやや狂ったとはいえ、小沢は十年余の時を経ても公明党の議席や社会党の激減を言い当てていた。

小沢は羽田孜を説得し、羽田も政治改革推進の一翼を担うことになる。

だが、竹下派全体が推進派だったわけではなかった。たとえば金丸信は、「選挙制度を変えられるんだったら、逆立ちして皇居の周りを一周してみせる」と茶化し、羽田をたびたび「熱病にかかっている」とからかった。それでも、小沢、羽田が全力で取り組んでいる以上、竹下派議員は異論を唱えにくい。「鉄の団結」を誇る竹下派の体質が、当初は政治改革推進の追い風になった。

「政治と金の問題は政治不信の最大の元凶である」を掲げる、先の大綱の起草者は、後に自民党を離党し、「新党さきがけ」を結成した武村正義だった。後藤田正晴、武村に伊東《いとう》正義《まさよし》を加えた三人が政治改革の実働部隊の中核で、後藤田、武村は旧内務、自治官僚の出身である。

そのため梶山静六は、「あの選挙制度改革というのは、内務省、自治省の野望ではなかったか。彼らはずっと以前から、政権の安定には小選挙区制がいいと思い込んでいた」という疑念を最後まで持ち続けた。

中選挙区から小選挙区に変え、特定の分野への利益誘導をはかる政治家、つまり族議員がいなくなれば、政治がきちんと機能するというのは、官僚の願望ではないかという疑いである。

羽田、小沢vs.竹下、梶山＝政治改革賛成vs.反対

リクルート事件をきっかけにして動きだした政治改革論議が、竹下、海部《かいふ》、それに続く宮沢政権下で選挙制度改革へと変質していったのが政治の表舞台の動きとするならば、裏で起こっていたのは竹下派内の権力闘争だった。

一九九二（平成四）年八月二十二日、朝日新聞が一面トップで、東京佐川急便の金丸への五億円献金事件を報じた。

金丸はこの報道を当初は全面否認したが、その五日後の二十七日、自民党本部で記者会見して五億円の献金を受け取ったことを認め、自民党副総裁を引責辞任すると表明した。この事件が、自民党最大派閥の竹下派、ひいては自民党の分裂につながる激しい抗争に発展した。

金丸は事件の処理を、小沢一郎と梶山静六の二人に依頼したが、どちらの方針に従うかで金丸自身が揺れ、小沢と梶山の対立が深まることとなった。最初にハシゴを外されたのは梶山だった。

結局、金丸は梶山が立てた方針どおり、東京地検特捜部に、五億円受領を認める上申書と、略式起訴を応諾する書類を提出した。しかし、それは最後まで小沢が抵抗したもので、小沢もまたハシゴを外された。

しかし、それでも事態は沈静化しなかった。五億円の違法献金が二十万円の罰金刑だったことが、かえって世論の怒りの火に油を注ぐ結果となり、金丸は一段と激しく責められることになる。金丸は次第に追いつめられ、議員辞職にいたった。

金丸の後継会長の座を巡って、竹下派内の対立は表面化する。小渕恵三を担ぐ梶山、橋本龍太郎らの一派と、羽田孜を担ぐ小沢一郎の一派による権力闘争の結果、小渕派が勝利し、会長には小渕恵三が選ばれる。だが、激しく反発した小沢のグループは、「改革フォーラム21」という名称の勉強会、つまり「派中派」を結成し、竹下派は事実上分裂した。その後、羽田・小沢グループは正式に竹下派から離脱、翌年に自民党を飛び出すことになる。

この派閥抗争は、それまでの自民党の派閥抗争とは性質を異にしていた。それ以前の抗争では、争いが終わると勝者は勝利に見合う取り分を取り、敗者にもそれなりの分け前を与えた。そうすることで、分裂を防止した自民党は、衆参両院の過半数を制して政権を維持し、政権の座にいるうまみを分け合ってきた。どんなに憎み合っていても、闘いが終われば、何事もなかったようにふるまい、「政権維持」の一点において結束した。派閥抗争の争点は唯一、総裁のポストをどの派閥が取るかという争いだったため、総裁が首相の座に結びつくという基本構造まで打ち砕く必要はなかったからである。

竹下派の抗争も、自民党の主導権を握ることを狙った最大派閥会長のポスト争いが原因である点では同じである。しかし、羽田、小沢らは竹下派を離脱した上に、自民党を離党し、自民党一党支配体制に終焉をもたらしてしまった。

それまでと何よりも異なっていたのは、自ら政治の「改革派」を名乗ったことだった。権力闘争の過程で生じた怨念《おんねん》を、改革派という言葉で覆った。小沢は自らを「改革派」と位置づけ、竹下派に残った人たちを、政治改革に反対している「守旧派」と決めつけた。改革派と守旧派を色分けするリトマス試験紙に用いられたのが、政治改革だった。

議論されなかった政治改革

実際のところ、竹下派でどの程度、政治改革が議論されたのだろうか。

当時の記録を繰ると、金丸の議員辞職表明（一九九二年十月十四日）後の十月十八日、

その後継選びの舞台となった最高幹部会で、

「経世会《けいせいかい》は本来の政策集団に立ち返り、政治改革をはじめとする諸政策を積極的に推進する体制を作る」

という申し合わせを作っている。これが政治改革論議の最初である。翌十九日の最高幹部会では小渕恵三や橋本龍太郎が「人心一新」を求めたのに対し、小沢が、

「そんなのは枝葉末節の議論だ。政治改革をダイナミックに打ち出す体制を作ることが大事だ」

と反論している程度である。

竹下派分裂の原因が政治改革に対する姿勢にあったとするなら、政治改革とは何かという具体的な内容を詰め、それをどういうスケジュールで実現するかということが、最低限議論の対象になっていなければならない。また、当時会長候補に上がった小渕と羽田で、政治改革のスタンスがどう違うのか、少なくとも竹下派議員には示さなくてはならない。しかし、そういう議論が行われた形跡がないばかりか、小沢は分裂が確定的になった時点でのインタビューでこう語っている。

「簡単な言葉で言えば、改革派か守旧派かの対立。日本が変わる必要があるという考え方

と、いや、このままでいい、という時代認識、現状認識の違いによる対立がある。もちろん、人間関係から生じている面も現象としてあるが、底流は現状認識の違いだ」

「（改革派の結集は）派閥レベルというより、いずれ党派を超えて流れがはっきりしてくると思う」（いずれも十一月三日付朝日新聞朝刊）

小沢の発言は、竹下派分裂の根底にある権力闘争や感情対立、そこから生じる怨念を、「改革派」対「守旧派」という構図のなかに押しこめた。その一方で、竹下派分裂を政界再編の第一歩と位置づけて、国民の目を政界再編の方へそらした。

権力闘争を政治改革で説明する論理のすり替えが始まった。

小沢は十一月上旬、朝日に続いて読売、毎日、日経《にっけい》の各新聞、続いて月刊『文藝春秋』、テレビのインタビューに一斉に応じてこの論理を展開する。新聞、テレビ、月刊誌などといった、分野が異なるメディアを一定の期間に集中して使うことは小沢以前の政治家にはなかった。当時、小沢がインタビューに応じると言えば飛びついたメディア側の心理を、小沢は巧みに操った。

「シュキュウってなんだぁ」

小沢は、政治を動かす重要な要素であるスローガンを作るのがうまい。戦後政治を振り返ると、池田勇人《いけだはやと》は「所得倍増」を唱え、田中角栄は「決断と実行」をスローガンに、「待ちの政治」の佐藤栄作長期政権の幕を引いた。その田中を倒すとき、金丸、竹下、小沢、梶山らは「世代交代」を掲げた。そういう過去のスローガンと比較してみても、「政治改革」や「改革派」「守旧派」という言葉は、たしかに秀逸なコピーであり、理念でもある。

しかし、繰り返すが、政治改革の実態は、衆院選挙制度の改革である。選挙制度改革とは言わず、政治改革を標榜したために、反対しづらくなった。改革という言葉にしても、現状のすべてを肯定し改革は必要ないという人はまずいないわけで、仮に違いがあるとすれば改革の目標と手順である。しかも、竹下派分裂の過程で話し合われたことは、小沢が言う日本が変わる必要があるかどうかという改革の目標、手順についてではなく、誰を会長にするかということだけだった。

スローガンを打ち出すのは先手必勝、先に言った方が勝つ。小沢から守旧派と名指されたとき、梶山は最初、面食らって、

「シュキュウってなんだぁ」

と間延びした声で私に尋ねたほどだ。大正生まれの梶山の記憶のかなたに追いやられていた言葉が、小沢によっていきなり持ち出されたことに驚いたのである。

辞書をひもとくと、守旧とは、

「昔からの考え方や習慣を守ること。保守、墨守」（大辞林）

とある。保守と言えば、ふだん使っている言葉だが、あえて守旧ということでいかにも古めかしい印象を与え、言葉が攻撃性を帯びた。

守旧という言葉はとても新鮮に響いた。二文字しか使わないので見出しにも使いやすかった。

政治はある部分、言葉の勝負である。どちらの言葉が国民を引き付けるかという争いで、小沢の作戦は見事に成功した。この勢いに乗って、小沢は一九九三（平成五）年六月、自民党を離党し新生党を結党する。七月の衆議院選が終わると、政治改革を大義名分として、改革派の結集を掲げ、非自民八党派による細川連立政権を樹立した。

「官邸から見える党の風景が変わった」

小選挙区比例代表並立制で初めて戦われた選挙は、一九九六（平成八）年十月二十日投票の第四十一回衆議院選である。その実態は、加藤紘一が「チョベリド（超VERYドブ板）選挙」と称したように、中選挙区制下での選挙以上に、ドブ板の選挙だった。当時の橋本龍太郎首相は、「なんてひどい制度をつくったんだ」と、梶山静六に漏らしている。

その橋本はまた、「（小選挙区制を導入してから）官邸から見える党の風景が変わった。専門家が育たなくなった」と嘆いた。

中選挙区時代であれば二割の得票で当選できるので、政治家は特定の分野のことをしっかり落ち着いて勉強することができた。しかし、小選挙区制で有権者の半数近くの支持を得る必要がでてくると、より多くの有権者の利害にかかわるため、なるべく多くの分野を幅広くカバーしなければならなくなった。たとえば農業を中心に勉強してきた人は、産業や運輸、建設の勉強も必要になる。つまり、政治家はオールラウンドプレーヤーになることが求められるようになった。

ある分野に詳しい議員とは、言い換えれば族議員である。利権誘導をはかる族議員がいなくなるのは一見、政治の浄化にとって良いことに思える。しかし、実際に族議員が少なくなった結果起こったことは、官僚が政治家を操作しやすくなったという現象である。議員の側に専門性がないから、官僚が作った法案をチェックすることなく、そのまま乗ることしかできなくなったのである。

橋本自身は、社労族で、政界で一、二を争う政策通である。先の言葉の裏には、官僚の言いなりになる政治家が増えた状況への苦々しい思いがあった。

政治家が官僚の言いなりにならないために、民主党は、政権を取ったら議員を大臣を除き百人、各省に入れると宣言している。だが、現在でもすでに六十六人が、大臣、副大臣、政務官として各省に入っている。それで政治の力が強くなるかといえば、交代で送り込まれる大臣、副大臣、政務官と、その省に就職し何年も担当した分野のことを勉強している頭脳明晰《めいせき》な官僚では、最初から力の差が付いていて勝負にならない。送り込む議員を増やしたからといってうまくいくとは思えない。

利益誘導政治の代名詞のようにいわれた族議員だが、いなくなってみれば官に対する監視という重要な役割を果していたことに気づかされるのである。

新人議員が出にくい

一方で、小選挙区制を肯定する意見もある。

当選六回の杉浦正健《すぎうらせいけん》衆議院議員（自民党・町村派）は、小選挙区になって「選挙がやりやすくなった」と言う。

中選挙区時代には、選挙区内に同じ保守票を食い合う仲間がいたので、絶えず彼らと駆け引きをしなければいけなかった。しかし小選挙区では、有権者と接触している自民党候補はその選挙区で一人になり、敵は民主党候補だけになる。そのため敵がはっきりして選挙がやりやすくなったという。

また、当選一回の小川淳也《おがわじゅんや》衆議院議員（民主党）は、「ようやく政党として選挙ができるようになった。個人を支持しているのではなく、民主党員になりたい人が増え、党が有権者の選択基準になってきたのが大きな変化だ」と語る。

小選挙区制は党の力を強め、自民党では党と派閥の力関係を逆転させた。

小選挙区制では、ひとつの選挙区で一人しか候補者を立てられなくなったため、候補者を選定する党の力が強まることになった。その結果、派閥の力は弱まった。

党の力が強まり派閥の力が弱まるのは、必ずしも良いことばかりではない。派閥の中で議員同士が切磋琢磨《せっさたくま》するということがなくなり、お互いの協力関係も弱まった。また、党に対して意見することが難しくなった。執行部から「次の選挙で公認しない」と脅されたら、議員は党の意向に不服でも従わざるをえない。

新人候補が政党に所属しないと、選挙運動がしにくくなったのも小選挙区制の特徴である。

公職選挙法で認められた衆議院議員選挙の選挙運動手段は、小選挙区の場合、候補者個人と候補者届け出政党の二つに分かれ、たとえば、ＮＨＫ、民放のテレビ、ラジオの政見放送は届け出政党にしか認められていない。すなわち、ある人が立候補しても政党に所属しないなら政見放送はできないということだ。できることはＮＨＫにおける経歴放送のみ、しかもテレビ一回、ラジオ十回だ。ほかにも、選挙事務所、葉書、ビラ、ポスターなどでも候補者届け出政党にだけ認められている特典は多い。政治資金の面でも同じだ。

そこで、ひとつ提案したい。せめて、無所属候補が政党所属候補と同じ選挙運動ができるように、公職選挙法と政治資金規正法を改正したらどうか。そうすれば、政党が選定した候補ではなく、多士済々《せいせい》の人材が国会に供給されるようになるだろう。自民、民主両党に厳しい目線が注がれる中、日本を代表する二大政党として、度量の大きさを見せたらどうだろうか。今の公職選挙法はあまりに政党中心に作られ、政党所属候補と無所属候補の機会均等がまったくなされていないのだから。

中選挙区時代、新人候補ならば、しがらみがないため、「今の自民党はけしからん。私が入って党を立て直します」と言うことができた。安倍晋三も、自分が新人だった宮沢政権崩壊直前の衆議院選で、「宮沢さんは辞めるべきだ」と訴えた。

新人候補には、党の新陳代謝を促す作用がある。新人候補が多ければフレッシュな印象を与える効果もあるが、現在の制度では一選挙区で一人の候補者しか立てられず、おのずと現職が優先され、新人のためのパイは小さくなった。特に自民党は二〇〇五（平成十七）年衆議院選で大量に当選した「小泉チルドレン」が小選挙区に張り付き、新人が出づらい。無所属でも政党所属候補と同じ選挙運動ができるようになれば、外部から党の新陳代謝を図ることができるだろう。

中選挙区には戻れない

「政治は妥協の芸術である」という言葉がある。

しかし、現在のねじれ国会は、与野党間で話し合い、お互い妥協し合って一致点を見いだしていくといった営みができない事態に陥っている。ねじれが生じてから二年近くになるが、自民、公明両党が衆議院で三分の二の多数を行使する以外には、政治が法律を必要とする重要な決定をできない状態が続いている。

小選挙区制のもと、下手《へた》に妥協すると選挙への影響は大きい。衆議院選が近くなれば有権者を見ながらパフォーマンスするから、ねじれは、いよいよ複雑骨折化してきた。

国民の多くが、政治が機能しなくなっていると感じているのに、政治がそれに対して答えていない現状を見ると、政治改革とは一体何だったんだろうかと考えざるをえない。

しかし選挙制度改革を論議していて、ある種の虚しさを感じるのは、事実上、小選挙区制から中選挙区制に戻ることができないからである。

確かに今でも、公明党や共産党、あるいは自民党の一部に、中選挙区制に戻そうという声は存在する。だが、国会の大多数が選挙制度を元に戻そうという流れになることはありえない。

首相になる前の福田康夫が、その点について説明するのを聞いたことがある。中選挙区から小選挙区にしたときは、自分の選挙区が小さくなり、元の選挙区のある一部分の選挙運動を強化すればよい形だったから、議員は対応できた。ところが逆に、小さい選挙区を大きくするとなると、今までまったく人脈も事務所もないところを一から開拓して票を集めなければいけなくなる。

「中選挙区に戻すとなると、カネがかかるようになるし、選挙区が二倍以上になるわけだから、反対論が強まる。私だって選挙区が広がると思うとぞっとする」

福田はこう語っていた。

衆議院議員の数は全部で四百八十人だが、そのうち、当選五回以上が中選挙区制での選挙も経験している。これが全体の約三四パーセントにあたる。当選四回以下の人は、正確に言えば中選挙区時代に落選している人も含まれてくるが、約六六パーセントになる。つまり、全衆議院議員の三分の二近くは小選挙区世代になっているのだ。

彼らが、自分の選挙区が二〜三倍の広さになるような選挙制度改革を法律として通すことはない。

企業が金を出さなくなった

政治改革によって、良くなった部分もある。

田中、竹下、小渕、橋本派の政治とは、党内の最大多数派として、国会議員の「数の力」を背景に自民党内を掌握し、それを土台にして霞が関官僚を操り、政府が持つさまざまな利権を手中に収めるというものだった。官僚も最大派閥の議員に接近し利権の分配を手伝い、業界との橋渡し役も果たした。

こうした「政・官・業」が一体となった利権は最終的に「票とカネ」に結びつき、田中、竹下、小渕、橋本派は、それを基にしてさらに議員の数を増やす循環システムを構築した。これが金権政治、政・官・業の癒着の温床とされた。

だが、政治資金の規制が強化され、政治家の金の「入り」と「出」の透明度が増した。その結果、政治家に安易にお金が流れなくなった。

金をめぐる制度でいちばん大きく変化したのが、政党交付金（政党助成金）であった。政党交付金は、国民一人当たり年間二百五十円負担することとし、総額は二〇〇七年度で三百十九億円にのぼる。この資金は、所属議員数などに応じて各政党に配分され、党から議員に交付される（共産党は申請していない）。それまでは、派閥の領袖や幹部が議員にモチ代として金を渡していたが、その意味でも派閥のありがたみを喪失させる結果につながった。

ただ、政治家にお金が流れなくなったことには別の要因も大きい。経済界が政治家に金を出さなくなったのである。

かつては、企業が政治家に金を出して政策を遂行してもらい、それが企業の利益に還元されるシステムが機能していたが、社会変化のなかで、経済界が政治の力に頼って行政を動かす必要自体が少なくなった。また、政治献金に対する世論の目が以前よりも厳しくなり、経済界は金を出し渋るようになっている。

政治家は育てられるか

政治家を育てるシステムはどうだろうか。

政治家を養成する主旨でつくられた松下政経塾《まつしたせいけいじゅく》出身者は、政界内に大変増えている。二〇〇九年一月時点で、衆議院で二十七人、参議院で三人おり、自民党、民主党に分かれて一大勢力となっている。

松下政経塾を興したのは、松下電器産業《まつしたでんきさんぎょう》の創業者である松下幸之助《まつしたこうのすけ》である。松下は、「日本はますます混迷の度を深めていく」という認識のもと、難局打開のためには「新しい国家経営を推進していく指導者育成が、何としても必要である」として、私財七十億円を投じて松下政経塾をつくった。

塾生は全寮制で、寝食を共にしながら三年間の研修を行う。常勤の講師はなく、理想の国家経営はどうあるべきか各自が仮説を立て、現場での体験を重ね、仲間たちと研鑽《けんさん》を積みながら自得していくというのが教育の基本方針となっている。

だが、判断を下すには時期尚早かもしれないが、私見では、政界を代表するような人物は今のところ見当たらない。

たとえば政経塾一期生で現在、民主党の広報委員長を務める野田佳彦《のだよしひこ》（当選四回）は、二〇〇八（平成二十）年の夏、小沢一郎の無投票三選は望ましくないとして、党代表選に立候補する意向を示し、中堅・若手議員の期待を集めた。だが、結局最後は、「代表選より衆院選の準備に専念すべき」という党内の多数派の圧力に押され、勝負に出ることなく出馬を断念した。

同じく民主党の前原誠司《まえはらせいじ》（第八期生、当選五回）は、党代表だった二〇〇六（平成十八）年、「偽メール問題」への対処で大きな誤りを犯している。

二〇〇六年二月、衆議院予算委員会で民主党の永田寿康《ながたひさやす》議員（〇九年一月に自殺）が、ライブドア元社長の堀江貴文《ほりえたかふみ》が、自らの衆院選出馬の際に、武部勤自民党幹事長の次男に対して、選挙コンサルタント費用として三千万円を振り込むよう、社内電子メールで指示したと主張し、証拠として、堀江元社長が発信したとされるメールの写しを公表した。しかし、すぐにメールの信頼性を疑問視する声が上がり、偽造の可能性も指摘される。武部と武部の次男は、名誉毀損《きそん》で告訴を検討すると反撃に出た。

前原は、新たな証拠を提示するとしたが、結局新証拠を出すことができなかった。永田はメールが偽物であることを認めた。前原は三月末に党代表を辞任し、騒動が終息するのは一カ月以上も後のことだった。

当時の民主党は元々、ＢＳＥ問題、耐震強度偽装問題、ライブドア事件、防衛施設庁談合事件など頻発する問題で、国民の怒りに乗じて自民党を攻撃できる立場だった。ところが、この件で立場は逆転し、民主党は国民の信頼も失って支持率を大きく落とした。

政治家の真の能力は、重大な危機に直面したときや、重要な意思決定の場面で現れる。野田や前原を見ていると、政治家というのは、教育によって作ることができるものなのだろうかという疑問を抑えることができない。政治に必要な意識や能力は、その人間の天賦の才能、あるいは体験から生まれてくるものであって、どこかの機関で教育することで与えられるものではないのではないか。

竹下派七奉行

では、何が政治家を育てるのか？

一つは危機である。田中角栄、金丸信、竹下登、梶山静六は前述したように太平洋戦争と敗戦後の焼け野原を体験した。決して戦争、およびその体験を美化しようというのではない。しかし、極限状態の体験から人間は学ぶものである。

また、私が取材してきて思うのは、政治家は、政治家同士の触れ合いの中で成長するということだ。梶山静六、小沢一郎、羽田孜、小渕恵三、橋本龍太郎ら竹下派七奉行と呼ばれた人たちが「オヤジ」と呼んで師事していたのは、田中角栄だった。彼らは田中の背中を見ながら政治を学んだ。田中という巨大な存在の下で、その光を浴びながら成長していったのが、自民党の全盛期を担った人たちだった。

小沢と梶山は、若手のころ毎日のように一緒に飲んでいた。その後、彼らは袂《たもと》を分かち、一時は血で血を洗うような権力闘争を繰り広げる関係になったが、梶山が入院した際には、小沢が秘書を呼び「気力が大事だ、もうひと勝負しよう」と伝えた。梶山も、おれと同じ格の政治家は小沢だといい、最後までお互いをどこか認め合っていた。

そこには、本当に政治が好きで好きでたまらない人たちが、様々な機会を通じてお互いの考え方を吸収していく関係があった。

ひるがえって現在はといえば、普段は自分自身のカプセルの中に閉じこもっていて、必要なときだけ外に出てくるような関係になってしまった。量的な比較はできないのだが、政治家同士の触れ合う時間は減少し、触れ合い方も浅くなったように見える。衆議院選挙がいつあっても不思議ではない状況が一年ぐらい続いているので、選挙区回りに忙しいのだろうか。日本の政治の現状について、党内で、あるいは党の枠組みを超えてざっくばらんに論議する機会をもっと持った方がいいだろう。

第三章

政権交代

1.「選挙」小沢一郎

政局の中心

日本に二大政党制の時代が事実上訪れた今、数年を経ずして、政権交代が起きるはずだ。民主党が政権を担う日が遠からずやって来る。そして民主党が政権党になれば、その時点の代表、現在なら小沢一郎が首相に就任する。

小沢は、一九八五（昭和六十）年二月に創政会を結成して以来、その後に起こった主な政局のすべてに深くかかわってきた。

自民党竹下派分裂劇では中心的役割を果たし、九三（平成五）年に自民党を離党、非自民連立政権樹立の大きな原動力となった。非自民の細川、羽田両政権を実質的にとりしきったのは小沢であり、自民党に再び政権を奪取されてからは、非自民の政党を糾合して新進党を結成した。新進党解党後には自由党を率い、自民党と連立した。しかし、一年半しか続かず、その後民主党へ合流する。

政治は権力闘争である。

小沢一郎。2005 年、衆議院選で応援演説

激しい闘争で敗北すれば、敗者は表舞台からひっそり退場してゆくのが政治の世界の常である。そのなかで、常に政局の中心に身を置いているという一点だけにおいても、小沢は類まれな能力を持っているといって過言ではない。

本章では民主党と政権交代について論じてゆくが、まずは小沢一郎という政治家の人物像に迫るところから始める。

小沢一郎に注目

小沢一郎に取材を始めたのは、私が政治記者で田中派担当になった一九八二（昭和五十七）年四月である。翌五月には、小沢は、選挙の実務など派閥運営のかなめである田中派事務局長に就任している。

田中派の担当記者になったからといって、田中角栄に、おいそれと接触できない。しかし政局の中心には常に田中がいて、田中の思惑ひとつで政治は動いていた。田中の考えをつかみ、田中派の動向を追い続けることは、政治報道に不可欠だった。

当時、小沢辰男が派閥の事務総長をつとめていて、田中派の本家と呼ばれていた。それに対して、事務局長の小沢は分家と呼ばれていた。よくよく田中派の動きを見ていると、田中が小沢辰男並みに信頼しているのが小沢一郎だということがわかってきた。私は小沢一郎に積極的に取材しはじめた。小沢一郎は田中派の重要人物だとはいえ、まだ当選回数は五回だった。小沢を取材する記者はほとんどなく、私たちの世代が、小沢の実力に着目して取材をしはじめた最初の世代ということになる。

当時、田中派は、夜になると赤坂の料亭「満ん賀《まが》ん」に集まり、会合を持っていた。小沢が「満ん賀ん」に出かける前、「どこどこの店で待ってます」と、秘書を通じて伝言しておく。すると小沢は、「満ん賀ん」の会合が終わった午後十時か十一時ごろ、伝えておいた店にひとりで現れた。私とふたり、〝サシ〟で飲むこともあれば、他社の記者も混じって四人のこともあった。一時期は、毎晩のように酒を酌み交わした。

小沢は酒が強い。心臓の病気をする前だったので、量も飲んだ。ビールからはじまって日本酒に移るというお決まりのコースで、酒が強いから、酔っても態度が変わることはなく、ふだんどおりの話し方をした。

記者としては恵まれた時期だったかもしれない。小沢はまだ党三役にも閣僚にもなっておらず、マスコミに取材される経験もまだ少なかった。小沢が政界で頭をもたげてゆく、最初の時期だった。私たち記者が小沢に教えられる情報など少なかったが、小沢は、「こうやると新聞はどう書くかな」「君らは政局をどう見ているんだ」と尋ねて、作戦の参考にしているようだった。

「この人に食い込めたかな」と思ったのは、その年の秋のことである。大平正芳死去をうけて総理についていた鈴木善幸が、十月、突然、総裁選への不出馬を表明した。大きなミスもなかったため続投確実と思われていただけに、自民党内でも意外に思った議員が多かった。不出馬の真相は、今も明らかになっていない。

十月十六日告示の総裁選に、田中派として候補者を立てようという動きが起こった。最大派閥の田中派が候補を立てれば、総裁選の中心になることは間違いなく、江崎真澄《えさきますみ》らの名前もあがっていた。私たちは派閥の動向を知るために、田中派事務局長である小沢を熱心に取材した。小沢は、田中や金丸の話を直接聞ける立場にあった。

十月十五日深夜、田中派の幹部の会合が終わってから、いつものように小沢は私たちと飲んだ。メンバーは小沢と、私を含めて記者が三人いた。

日付が変わった午前一時四十五分か五十分ぐらいになって、小沢が、

「もう、締め切り過ぎたよな」

と口にした。そして、

「うちのムラ（派閥）は、候補者を立てないよ」

と言った。締め切りとは、朝刊の締め切りのことである。朝刊には間に合わなかったが、小沢はいちばん早く教えてくれた。

田中派が候補者を立てなければ中曽根康弘支持に回ることが確定的だったので、自民党総裁選の動向を決定づける重要な情報だった。

「相手の立場になって考えろ」

今では強面《こわもて》のイメージが強い小沢だが、人間的な面を見せることも多かった。

小沢は中曽根政権で初めて自治大臣として入閣するが、それ以前から組閣の日になると、議員会館の自室で組閣の様子を伝えるテレビをじっと見ていた。組閣が終わると「飲みに

行こう」と言って外に出た。少し不思議な気持ちがしたが、あとで考えてみれば、もしかしたら自分に電話がかかってくるのではないかと、かすかな期待を抱いていたのかもしれない。あるとき小沢は私にこう話した。

「俺は入閣してもしなくても、どっちでもいいんだよ。しかし、続けて当選させてくれた支持者の人たちに申し訳なくてな」

総理の椅子など欲しくないという顔をしていた時期もあったが、当時は入閣に心を揺さぶられているようだった。

また、一九八三（昭和五十八）年十二月十八日、田中判決選挙の投開票日のこと。当時、小沢は自民党の総務局長だった。総務局長は選挙の責任者だ。開票日には党本部四階フロアでテレビカメラが並ぶ前で開票速報を見守る役目がある。ところが小沢は、途中でこの会場から姿を消した。

選挙戦終盤になって、小沢自身の当選が非常に危ない状況だということがわかった。妻和子《かずこ》から電話がかかってきて、「岩手へ一度戻ってきて。危ないわ」と告げられた。開票が始まると、案の定、小沢の票が出てこない。

結局、小沢は意地を張って選挙区へは戻らなかったが、テレビカメラの前にいたたまれなくなり、総務局長室にひっこんでいた。ひやひやものの選挙であった。

その小沢から、何度も何度も強く教えられたことがある。「相手の立場になって考えろ」ということだ。

たとえば田中派の動向について、小沢はこう話した。

「相手の立場に自分を置き換えて考えてみろ。そうすれば、相手がどういう考えでいて、どう動くか自然と分かる。たとえば、オヤジなら判決をひかえている。そうしたら、無罪になるためにどうするか考えるだろう。そのためには政界で力を持っていなきゃいけない」

「今度、金丸さんや竹下さんの立場に立って考えろ。金丸さんはどうしても竹下さんを総理にしたいと思っている。そのために、どうするか考えればわかってくるはずだ」

小沢の教えは、私の政治を見る目を養ってくれた。政治家を通して、政治を見る目を養う――それは、政治家が政治記者を育てた時代でもあった。政治家と記者の間に、そのような関係がまだ成り立っていた。

「小沢一郎との訣別」

それから約十年後の一九九四年、私は月刊誌『文藝春秋』に、「小沢一郎との訣別」という手記を発表する。その手記で、親しく付き合ってきた十年間に小沢から聞いてきたオフレコ発言を公開したため、大きな話題になった。

小沢の発言を、数例、紹介してみよう。

小沢は八〇年代後半から竹下登に不信感を募らせ続け、ふたりの関係は悪化していた。しかし、小沢が世田谷区代沢《だいざわ》の竹下邸を訪問し、関係修復の動きとの見方が流れたとき。

「向こうがどうしても会いたいというからさ。自宅に行ったのも『どうしても自宅に』と言うから行ったんだ。金丸さんが気にしているようだけど、おれの考えは変わらない。竹下さんの方は二〜三倍にして〝放送〟しているようだけどな」(一九九〇年十一月二十九日)

小沢が自民党幹事長だったときの海部《かいふ》俊樹《としき》首相への評価。

「海部は本当に馬鹿だな。宇野の方がよっぽどましだ。宇野は説明したらすぐ分かる。おれは補正予算案のこともちゃんと説明しているんだよ。それなのに、その後も野党に『補正は駄目ですか』なんて電話している。アレが言わなくても野党の方からすぐ入ってくる。やっぱり総理になろうと努力してきた人を総理にしなくちゃならん。竹下さんだって人脈の点なんかで努力しているし、安倍（晋太郎元自民党幹事長）さんだって決して頭のいい人だと思わんが、説明したらちゃんと分かる。しかし、総理には説明しても分からん。渡部恒三ですら馬鹿にしている」（一九八九年十二月八日）

一九八二（昭和五十七）年、自民党総裁選で田中派が中曽根を支持したとき。

「おれたちは、党だけでなく、内閣を取るつもりで、中曾根を選んだ。担ぐミコシは軽くてパーがいい。担ぎ手の思うがままに動く」

「病前」「病後」

私が手記を発表するにいたった経緯を少し説明する。

田中派担当になった私は小沢と知り合い、鈴木善幸退陣から中曽根政権誕生への過程で、大変親しい間柄になった。それ以降、八三年の田中判決、八四年の二階堂《にかいどう》擁立劇、八五年の創政会結成と、激動する政局のなかで、親しく付き合い続けた。取材記者として、かなり「食い込んだ」関係になっていた。

ところがある日、突然、小沢はまったく私と会わなくなった。

一九九二（平成四）年一月の自民党大会で小沢に話しかけても、小沢は返事をしなかった。「あれっ」と思ったが、その後、何度小沢に面会のアポイントを申し込んでもダメだった。周りの人を通じて会いたいと伝えても面会できず、「なぜ、お会いできないのですか」と二度ほど手紙を書いたが、まったく反応がなかった。

なぜ小沢は私と会うのを拒否するのか。その原因がわからなかった。私は断絶以降の半年間あまり、とても苦しい思いをし、小沢と親しい他社の記者と会うのが恥ずかしかった。

理由は、他社の記者から聞いた話も含めて、ふたつばかり考えられた。

小沢は、自民党幹事長だった一九九一（平成三）年四月の東京都知事選で、自民党東京都連の反対を押し切り、元NHKキャスターの磯村尚徳《いそむらひさのり》を擁立した。しかし結果は惨敗で、四月八日、小沢は責任をとって幹事長を辞任した。

その約二カ月半後の六月二十九日、小沢は、東京・世田谷区深沢《ふかさわ》の自宅で急に胸の痛みを訴え、文京区《ぶんきよう》千駄木《せんだぎ》の日本医大《にほんいだい》付属病院に救急車で運ばれた。病名は「狭心症」だった。入院期間は、当初病院側が発表していた二週間の約三倍の四十三日間に及び、退院は八月になった。

この病気は、その後の小沢の政治行動を著しく制約することになった。この年十月、海部退陣表明後の後継総裁選びで、金丸信は、政治家としての最後の力を振り絞るように、

「クレール・ド・赤坂」で三日連続して、小沢に出馬を促した。最後は、竹下や瀬島《せじま》龍三《りゅうぞう》の手も借りた。だが小沢は土壇場で、「私は三カ月前に、あの世の手前まで行ってきた。今も女房の弁当しか食べられなくて、弁当を持って歩いている」と言って、背広の内ポケットに忍ばせていたニトログリセリンを出して断った。いまでも小沢が雲隠れしたり外国に出かけたりすると、政界では、心臓病の治療ではないかという風評が立つ。

病気を境にして、小沢の政治手法も、人との接し方もがらりと変わった。自民党幹事長時代のように、最悪の事態を想定した用意周到な根回しをしなくなり、小沢と会いたいと思う人が会談を申し込んでも、なかなか会おうとしなくなった。

かつての「小沢側近」村岡兼造、中村喜四郎《なかむらきしろう》が小沢と会えなくなるのは、小沢が緊急入院した後からである。梶山静六は小沢事務所に三回、会いたいと申し入れて、ようやく八月下旬に面会している。しかしこれは、梶山との関係が悪化しかねないと心配した小沢周辺が無理やり日程に押し込んだもので、小沢が自分の意思で会おうとしたのではなかった。

政治面では、小沢が執念を燃やした政治改革法案が、九月末、国対委員長だった梶山の手で廃案になった。野党が一致して反対し、自民党内でも異論が強かった政治改革法案は、誰が国対委員長であっても成立させるのは不可能だった。しかし、小沢は怒りを梶山一人に集中させた。

その年の暮れには、小沢は突然、国際貢献税構想を、綿貫民輔《わたぬきたみすけ》幹事長ら党三役に提案する。税制を審議する党税制調査会は、武藤嘉文《むとうかぶん》会長以外は寝耳に水だった。宮沢喜一首相も、加藤紘一官房長官も知らなかった。党税調は構想に猛反発し、構想は六日間でお蔵入りした。一兆円を超す増税が税調の党内論議もなく、官邸の頭越しに政府の方針になることはあり得ないことだった。小沢は政府・自民党の意思決定システムを熟知しているはずなのに、いくつも調整の関門をはぶいた。心臓病を患ったあとの小沢の政治手法の限界をはっきり見せつけられた場面であった。

のちに竹下はこう語った。

「政治家も『ア・サウンド・マインド・イン・ア・サウンド・ボディー』（健全な身体に健全な精神）だな」

竹下は元英語教師らしく、ひと言ひと言を区切りながら発音した。竹下もまた、小沢の「病前」「病後」の落差に驚いたひとりである。

虚像がひとり歩き

私と小沢の断絶も、ちょうどこの時期にあたっている。

小沢の入院中は、病院には行かないようにとの指示だったため見舞いには行かなかった。しかし退院後すぐ、ホテルで会って話をした。

その年の暮れに会ったときは、もっとこうしたほうが良いなど、わりあいに厳しく意見をした。当時、側近と言われていた議員に対する評価を伝え、切ったほうがよいともアドバイスした。

この、小沢の悪いところを指摘したのが断絶の理由になったのかもしれないというのが、推測のひとつめである。

もうひとつは、他社の記者に〝刺された〟のではないかという推測だ。私は梶山とも親しくしていたので、小沢の情報が梶山に漏れていると小沢に吹き込んだ者がいるというものだった。

いずれにしても断絶の真相はわからず、やがて、こうなってしまったらしようがないと、あきらめの境地になっていた。

その後、竹下派は分裂し、小沢は自民党を離党する。そして非自民党政権の細川、羽田内閣をつくりあげる。政局の主人公は、小沢だった。

細川連立政権発足後からは、市川雄一公明党書記長との「一・一ライン」なる政治用語が氾濫《はんらん》し、小沢の虚像が膨れ上がった。わかりにくい政治の出来事は、「小沢が動いたらしい」という新生党や他党幹部の言葉を引用して説明された。小沢が本当は何をしたかはあまり検証されず、そのうちにまた新しい出来事が起こり、呑み込まれていった。そういうことを繰り返しているうち、小沢の虚像はひとり歩きを始めたばかりでなく、実像を覆い隠した。

小沢は、その虚像に「マスコミは本当のことを伝えていない」と怒りながらも、自らの実像をマスコミに見せようとしなかった。以前から「君たちに感づかれるようじゃ、おれたちの商売はできないよ」と語っていたが、その手法に一段と磨きがかかってきた。小沢自身が虚像づくりを楽しんでいるのかと思うほど、重要な場面になると行方をくらまし、マスコミとの接触を断った。そして、自ら必要と判断した場合、インタビューに応じたり、講演したりする。小沢本人に対する取材はあくまでも「小沢主導」だった。新聞、通信社、テレビの記者数十人が小沢を追いかけているのにその実像は伝わっていなかった。

それらの報道に接しながら、私のなかで、これは自分が見てきた小沢とは違うという気持ちが大きくなってきた。自分の知っている小沢を書かなければならない、小沢の実像を書けるのは自分しかいないと、考えるようになっていた。

ちょうどそのとき、『文藝春秋』から「小沢さんのことを書きませんか」というオファーがきた。私が書けば、事情通からは、「小沢から切られた腹いせで書いたんだろう」と見られることは承知していたが、手記を発表することにした。

筑紫哲也、梶山静六の励まし

手記発表前後の反響にふれておきたい。個人的事柄も若干含まれるが、政治とメディアの関係、記者の生き方を考えるうえで私のケースもひとつのヒントになるのではないかと考え、あえて書くことにする。

月刊『文藝春秋』十月号の発売日は九四年九月十日だったが、その二日前の九月八日、『週刊文春』に手記発表の前打ち記事が掲載された。

『週刊文春』が発売される前日の七日から、私のもとへ電話が入りはじめた。『週刊文春』の見本誌を見た記者や政治家が、「どういうことなんだ」と問い合わせてきたのである。

私が勤務する時事通信も大騒ぎになった。

当初私は、自分が聞いたことを書いただけだから、当たり前のことをしたと、それほど厳しい認識はしていなかった。むしろ、知っていることを書かないほうがおかしい、書いて何が悪いのだという気持ちが強いぐらいだった。しかし、マスコミや永田町にとって、「オフレコは書いてはいけない」というハードルは存外高いものだった。〝議員と飲みながら話したときはオフレコ〟という暗黙のルールを、私が破ったとみなされた。女性評論家からは、「田﨑記者は記者失格」と、コラムで書かれた。社内的には、政界の実力者の小沢に歯向かうとは何事だという空気もあった。

他社の記者からは、「あれは俺だって聞いた」「俺だって知っている」と非難された。でも、その記者は何も書いたり話したりしていない。それを私が突破した、掟《おきて》を破ったという反発だった。あまりの反響の大きさに、私は二、三日、食事が喉《のど》を通らない状態が続いた。

結局、私は会社から二週間の出勤停止処分を受ける。懲戒解雇に次いで厳しい処分で、その分の給料が引かれ、翌年のボーナスも減額された。

出勤停止中、人を介して、それまで面識のなかった筑紫《ちくし》哲也《てつや》さんから、会いたいと連絡をいただいた。私は筑紫さんに、手記を書いた経緯などを話した。すると筑紫さんは言った。

「マスコミというのは人を攻撃するにもかかわらず、攻撃されると非常に弱い。とても世間体を気にする。私も、世間が騒ぐ前は軽微な処分だったんだけれど、世間がわーわー言いはじめたら、処分がどんどん厳しくなっていった。朝聞いた処分と、夜聞いた処分で、内容が違っていた」

筑紫さんは、自分が選挙運動に協力をして朝日新聞で処分されたことを引き合いに出して励ましてくれた。

また、『週刊文春』の発売日の夜、私はたまたま、梶山静六との懇談会をセットしていた。私は参加することを躊躇《ちゅうちょ》した。大騒ぎされている自分が参加すると取材が殺到し、梶山や他社の記者に迷惑をかけるのではないかと思ったからだ。しかし梶山の秘書に電話をすると、

「どうぞ来てください。代議士もそう言ってます」

と伝えられた。

会で、私が梶山に、「どうしても書かなければならないと思って書きました。桜の花みたいに散ってもいいんです」と言うと、梶山は、「散っちゃダメだ。散っちゃおしまいよ」

と、自身の戦争体験を交えながらいろいろと話をしてくれた。

会合がお開きになって他社の記者がいなくなり、最後に、梶山と梶山の秘書と私の三人だけが残った。写真週刊誌が追いかけているという噂《うわさ》があったから、私は梶山に、「どうぞ先に出てください」と言った。しかし、梶山は、「いや、一緒に出る。俺は構わん。一緒に出よう」と突っ張ってくれた。最後は先に出てもらったが、梶山の励ましは非常に大きいものだった。

個人的なことになるが、『文藝春秋』編集部に原稿を渡す前に、妻に読んでもらった。すると妻は、「あなたもこれでおしまいね」と言った。その後はいろいろと励ましてもらったが、妻のほうが冷静に見ていた。

当時、長男が大学二年生だった。その長男が、二つのことを言った。ひとつは、「親父は、ごめんなさいと言うなよ」。もうひとつは、「親父は池に石を投げ入れたんだから、あとは波紋がどう広がるかを見ていればいいじゃないか」という言葉だった。周囲は騒然としていたが、息子のアドバイスで、その様子を客観的に見られるようになった。その言葉には、ずいぶんと助けられた。

後日、後輩が「他社の記者に、『書いたほうが良かったのか、書かなかったほうが良かったのか』と聞いたら、書かなかったほうが良かったと言う人はいなかった」と言ってくれた。

そのほかの反応としては、日本新聞協会が、「オフレコを書いたことについて、おたくの社はどのように考えているのか」と、事情説明を求めてきた。

小沢サイドからは、抗議も含めて、まったく反応がなかった。

〝選挙に強い〟

一九八九（平成元）年八月、自民党幹事長に就任したとき、小沢は四十七歳三カ月だった。田中角栄の四十七歳一カ月より二カ月遅いだけである。安倍晋三が四十九歳の誕生日に幹事長に就任し「大抜擢《だいばってき》」と話題になったが、小沢はそれより早い時点で幹事長に就いていた。

小沢の実力を内外に知らしめたのは、一九九〇（平成二）年二月の衆議院議員選挙だった。

衆議院選を前に、小沢は財界に、選挙資金として、通常の倍にあたる三百億円の支援を要請した。この資金を元手に、小沢はリクルート事件のあおりで収入が減った派閥に資金を回すとともに、暮れの「モチ代」として閣僚未経験者に、通常の二・五倍の五百万円を配った。

小沢は首相の権限に属する衆院解散・総選挙の時期を事実上決め、公認の有無や当落線上をさまよう候補へのてこ入れもすべて判断した。海部首相は、小沢の作戦に基づいて全国を遊説して回る「パペット（操り人形）」にすぎなかった。

総選挙の結果は、自民党は前回を十八議席下回る二百八十六議席だったが、前年夏の参院選で示された「反自民」の嵐の余波が残っていたことを考慮すれば、圧勝だった。

小沢が総選挙で実績を上げられたのは、決して偶然ではない。選挙に関する基礎訓練を、十分に受けていたからである。

小沢は八二（昭和五十七）年十二月二十八日、自民党の総務局長に就任する。総務局長は、選挙の実質的な責任者である。選挙のないときならば閑職だが、国政選挙が行われるときは党三役に匹敵する重要なポストだ。〝田中支配〟が確立してからは、総務局長のポストは、選挙がないときは他派閥がとり、選挙が想定されるときは田中派が獲得していた。

自民党は現在、総務局長を三役級の選挙対策委員長に格上げしている。

八三年は選挙の年だった。四月に統一地方選挙、六月に、初めて比例代表制が導入された参院通常選挙、十二月に田中有罪判決を受けた衆院解散による総選挙が行われたが、まだ当選五回で閣僚経験のない小沢は、この三大選挙の実質的な指揮をとった。本来、選挙責任者は、党幹事長の二階堂進《にかいどうすすむ》である。しかし、二階堂は面倒な公認調整にはあまり触りたがらず、公認の調整、選挙資金の配分などの選挙の根幹にかかわる実務を小沢に全面的に委ねた。

当時、小沢はこう話した。

「とにかく二階堂さんは、全部、俺にやってくれと言っている。俺が、オヤジ(田中)や金丸さんの話を聞きながら、公認の問題を決めているんだ」

選挙に必要な知識は、多岐にわたる。候補者の有力な後援者は誰か、後援団体はどこか、県市町村議をどの程度押さえているか、裏で宗教団体の票を回してもらっているか、過去の選挙でどれくらいカネを投入しているか、資金ルートはどこか……。

小沢は衆議院選、参議院選を通じて、すべての選挙区事情に精通したのだった。

小沢総務局長の後任は加藤紘一で、そのあとには羽田孜が続いている。しかし、国政選挙がないときの総務局長は、まったく意味がないのであった。

小沢が、どんなに毀誉褒貶《きよほうへん》があろうと政局の中心に存在し続けてきた最大の理由は、

〝選挙に強い〟からに他ならない。民主主義は突き詰めると「数」の多寡によって決まり、数は選挙によって生みだされる。小沢は権力を形づくる根幹を自民党総務局長時代に会得した。

小沢は田中角栄の下で働いた時代から、ずっと選挙を勉強してきた。田中のあとは竹下と選挙情勢の情報交換を続けた。それは田中角栄の一子相伝であり、自民党の神髄なのである。

マックス・ウェーバーは名著『職業としての政治』（一九一九年）の中で、権力に服従する動機として、「恐怖」「希望」「利害関心」の三つの要素をあげている。小沢が育った、田中、竹下派の行動形態を分析すると、この三要素が実に巧みに使われていたことがわかる。他の政治勢力や議員に対しては、そむけば怖いという報復への「恐怖」、身内には従っていれば必ずいいことがあるという報いへの「希望」を与えた。と同時に、自民党議員はもちろん、ときには野党議員も含めて、首相選びから人事、政策決定、資金集めなどさまざまな「利害」を結んだ。

この三要素のうち、手っ取り早いのは「恐怖」で、歯向かう議員を日常的に、「選挙区で対立候補を立てるぞ。当選しなくとも、きみを落選させることはできる」

と脅した。実際に候補を立てなくても、そうしかねないと思わせるだけで十分な効果があり、たいていの議員は自分の立脚基盤が揺さぶられるのを恐れ、軍門に下った。

どの候補なら当選できるか、どこにお金を投入すればよいのか、現在ならば全国三百小選挙区の事情をすべて頭に入れる。当選確実な候補と落選確実な候補には全く目を向けず、ボーダーラインの候補に全力を注入してゆく。それは非情でなくてはできないことだ。仲がいい友達だから、負けそうでも少しお金をやるといったことでは、選挙対策はできない。九四年の新進党結成時、マイナスイメージを気にする党内の消極論を排しても小沢が幹事長に就任したのは、〝選挙に強い〟という理由からだった。この政界で、小沢以上に選挙を知っている者は誰ひとりいないと言ってよい。

議院運営委員長

小沢の経歴でもうひとつ重要なのは、八三（昭和五十八）年十二月二十六日、議院運営委員長に就任し、八五（昭和六十）年十二月まで丸二年つとめたことである。議院運営委員長は与野党の接点であり、国会対策のかなめである。ここで小沢は、国会対策と野党対策を勉強する。

田中角栄は八三年十月に有罪判決を受けるものの、直後の十二月衆議院選で圧勝し、衆議院議員を続けた。しかし、翌年以降も、田中に対する議員辞職要求がくすぶり続けた。議員辞職は議員自らが判断するものだというのが自民党のスタンスであり、野党と真っ向から対立した。

そのなかで小沢は、議院運営委員長として、社会党、公明党など各会派の同意をとりつけて政治倫理協議会を設置する。そこで、政治倫理のあり方を示す「行為規範」、議員のあるべき行動を示す「政治倫理綱領」などを作成し、八五年の、政治倫理審査会の制度化へ結びつけていった。

小沢の論理構成は、これは田中が辞めればすべて解決する問題ではない、議員全員の問題だ、というものである。そのためのスキームを一緒につくろうと、時間をかけて野党に働き掛け続けた。

これによって田中の議員辞職問題も落ち着き、小沢は議院運営委員長としての腕前を示すことになった。

田中派事務局長として「閥務」を、自民党総務局長として「選挙」を、議院運営委員長として「国会対策」を学んだ小沢は、幹事長に就任する時点では、主要任務のすべてを経験したあとだった。小沢は、短期間のうちに、党と国会の主要ポストを駆け上がった。それは、ポストにつけた田中が小沢を自分の息子のようにかわいがっていた証拠でもある。それら蓄積が、幹事長就任を契機に飛躍する大きな要因となった。

目的のため手段は選ばない「政界の朝青龍」

ＴＢＳが二〇〇八年一月に行った世論調査では、七七パーセントの人が、小沢に首相になって欲しくないと答えた。小沢は、嫌われるけど強い、強いのに嫌われる、まるで「政界の朝青龍《あさしょうりゅう》」だ。

いったい、小沢のどの部分が嫌われ、拒絶感を持たれるのだろうか。それは、彼の政治行動の基本が、目的のためには手段を選ばない、目的が正しいならばどんな手段も正当化される――というものだからだろう。たとえば政治改革を成し遂げるためには、どんな手段も使った。また、政権交代のためには、衆議院選で勝つためには、あらゆる手を使っている。

二〇〇七年十一月、小沢と福田康夫首相は、大連立に向けて党首会談を開いた。会談終了後、福田は、大連立が九〇パーセント以上確実だという感触を得た。しかし小沢が民主党に帰ると、結論はひっくり返った。今度は小沢が、「このような党では責任を持てない」と言って、民主党代表の辞意を表明する。しかし、それもまた撤回された。目まぐるしく変化する展開に、国民はもちろんだが、福田も、何が起きているのか理解できなかったであろう。

二〇〇八年に入ると、日銀総裁人事で福田が小沢に連絡をとろうとしても、小沢とはまったく連絡がとれない状態になった。福田は、党首会談で約束したではないか、信頼関係をつくったではないかという思いを持ったことだろう。しかし小沢は、まったく気にかけない。なぜなら、政権交代のためには、どんなことも正当化されるという、基本的発想があるからだ。

だが、この日本社会において、そのような政治家は好かれない。多少の道義は持ってほしいと考える。小沢に首相になってほしくないという世論調査の結果は、顔が怖いなどといった部分でなく、どこか信じきれない人間の雰囲気を、常に小沢が醸し出しているからに違いない。

私は、政治家はおおむね健忘症だと考えている。人間は自分のしてきたことを正確におぼえていてはなかなか生きていけない。だがそのなかでも、三十年ぐらいの歴史で考えてみると、特に小沢は健忘症が強いのではないかと思わざるをえない。

かつて、自衛隊を海外に派遣するための国際平和協力法案を主導したのは小沢だった。しかし民主党代表としての小沢は、海上自衛隊のインド洋での給油活動延長に反対し続けた。

九四（平成六）年二月、細川護熙は、突然深夜に首相官邸で記者会見し、消費税を「国民福祉税」と名称を変え、三パーセントの税率を九七年四月から七パーセントにすると発表した。この構想はすぐに白紙に戻されるが、シナリオを書いたのは小沢だった。しかし民主党の小沢は、一貫して消費税率のアップに反対し続けている。

政治家が変わるのは、悪いことではない。世の中の動きに合わせて自分を変えてゆくのは当然で、それをしなければ政治家は生き残ってゆけない。生き残らなければ、自分に投票してくれた人たちに迷惑をかけることになる。

しかし、変わった方向の正当性は問われる。インド洋での給油活動を停止していいのか、消費税率を上げなくて福祉の充実は図れるのか……。また、なぜ変わったかという、きちんとした説明は必要だ。

小沢の口癖は、次の言葉だ。

「俺は言うことは言った。あれだけ言って分からないのならしゃーない」

小沢本人は説明したつもりなのかもしれない。しかし国民の目から見れば、明らかに説明が不足していることが多い。

合理と非合理の同居

小沢の政治行動のもうひとつの大きな特徴は、彼の中に「合理」と「非合理」が同居していることである。

政治における合理とは、数を増やすことだ。衆議院選で民主党議員の数を増やし、政権交代を行う——それは、政治の合理にかなっている。議会で過半数をとらなければ政権はとれないからだ。あるいは竹下派分裂、続く自民党分裂で、ひとりでも多くの同調者を集め、数を増やそうとする——それも政治において合理的行動である。

それに対して、あるとき突然、きわめて非合理な行動に出る。

九三年六月、宮沢内閣不信任案が可決された。野党の提出した不信任案に、羽田・小沢派の三十四人らも賛成に回った。

しかしそのあと、羽田、小沢らにとって意外な展開が起きた。本会議終了から十分後に、武村正義、鳩山由紀夫、田中秀征《たなかしゅうせい》ら十人が、自民党に離党届を提出したのである。

武村らの離党に、羽田・小沢派は衝撃を受ける。羽田・小沢派は、不信任案に賛成しても、離党するつもりはなかったからだ。

羽田・小沢派は武村らに遅れること四日後、計四十四人で離党届を提出し、翌日、「新生党」を旗揚げする。党首は羽田孜、代表幹事には小沢一郎が就いた。

しかしそもそも、少し時間をさかのぼって竹下派を分裂させる必要があったのか。武村らの動きがあったとはいえ、自民党離党にまで踏み切る必要があったのか。

九四（平成六）年末に発足した新進党は内紛が続き、九六年暮れには羽田孜らが離党して「太陽《たいよう》党」を結成する。そして翌九七年十二月、小沢が「分党」を宣言して解党した。だが、その時点で頑張りを見せて新進党を解党していなければ、政権交代はもっと早まっていたはずである。

二〇〇七年、福田康夫との党首会談のあと、福田と約束した大連立が認められないと、民主党代表の辞意を表明したが、その際の理由として、記者会見で「プッツンした」という表現をつかった。「プッツン」というのは、政治行動でなく、感情である。非常に非合理的行動なのだ。

つまり小沢は、それぞれの局面で、合理で動いているのか、非合理で動いているのか、大変理解しにくい政治家なのである。あえてそれを日常語で理解しようとするならば、「わがまま」となる。

もちろん政治の世界は、1＋1＝2となる場所ではない。感情が支配し、感情によって動かされている部分は大きい。とはいえ小沢の場合、感情の占める割合がきわめて高く、それを大舞台で、臆面もなく発動させてしまう。

〝サシ〟の強さ

かつて梶山は、小沢を次のように評した。

「冷酷無残になれる男だ。田中を切り、竹下を切った。後生おそるべし、いや現世おそるべしだ」

人を切るのは、自分のいちばん近い場所にいる側近にまで及ぶ。

はじめ竹下派の梶山らが、小沢の周りにいた。しかし小沢は次々と袂を分かってゆく。村岡兼造、中村喜四郎らが側近となるが、彼らも突然、小沢と会えなくなった。そのあとには熊谷弘《くまがいひろし》、船田元《ふなだはじめ》らが側近として仕えるが、小沢とは切れ「反小沢」となった。

これほど鮮やかに人を切れるのは、日本では珍しい。それも、目的のためなら手段を選ばない小沢の政治手法のひとつの表れといえよう。

しかし小沢は、自分がそのように見られることを大変心外に思っていた。あるとき小沢が、

「『野菊《のぎく》の墓《はか》』を読んで泣いたことがあったんだよな」

と言ったので、

「ウソでしょ」

と口走ってしまい、顰蹙《ひんしゅく》を買ってしまったことがある。また、

「俺は仲間を切れないから、今ここにこうしているんだ」

と話すこともあった。実は人情に厚いのだと、小沢は言いたいのである。

情を示すのが巧みなのか、小沢の〝サシ〟の強さには定評がある。一対一で小沢に会うと、百戦錬磨の大人や、老人たちまでもが、小沢の魅力にころっといってしまう。テレビや新聞では横柄なイメージが強いが、小沢は実は大変丁寧だ。相手に対する礼の尽くし方は、人には真似《まね》ができない。

最後につけ加えると、小沢は常に、政治を動かすときに理念や政策を掲げてきた。「普

通の国」「政治改革」「政権交代」など、大きな政治の枠組みを提示して政局を戦った。実際に行われているのは、どろどろとした権力闘争だが、常に大義名分を掲げて政治を動かした。そして権力闘争においては勝負強いし、決断も早い。

〝小沢神話〟は、自民党幹事長に就任して以来二十年の長きにわたって、今なお政界で健在だ。

2. 民主党

「ソフトクリームみたいなもの」

民主党の歴史は短い。

結党は一九九六(平成八)年九月二十八日、橋本龍太郎首相が衆議院を解散した翌日だ。結成の中心となったのは、武村正義を「排除」して新党さきがけを出た鳩山由紀夫、邦夫《くにお》兄弟と菅直人《かんなおと》である。それまで与党だったさきがけ、社民党からの離脱組と、非自民政権崩壊後に小沢一郎が結成した新進党に加わらなかった「市民《しみん》リーグ」の海江田万里《かいえだばんり》などが合流した。

民主党は「市民が主役」を旗印に、〝第三極〟を目指した。すなわち、自民党でも新進党＝小沢一郎でもない、もうひとつの勢力を標榜したが、つまるところは選挙目当ての結党だった。信条や主張をもとに結党したわけではなかった。小選挙区制の導入で、二大政党化の進行が予測される中、次の当選が見込めない少数政党の議員たちが、生き残りをかけて結集したのだった。

当時、新進党を率いていた小沢は、「民主党は何をやろうとしているのか見えない。選挙でただ右往左往しながら離合集散を繰り返しているとしか思えない」とコメントし、中曽根康弘は、「ソフトクリームみたいなもの。甘くておいしいが、夏が終われば溶けてなくなる」と揶揄した。衆議院選が終われば、間を措《お》かず分裂すると予想する者は少なかった。

「新」民主党誕生

しかし、一九九七（平成九）年十二月二十七日に小沢が新進党を解党したことで大きく状況が変わった。

小沢が新進党を解党した真相はいまだにはっきりしないが、公明党・創価学会《そうかがっかい》との融和がなかなか進まなかったのが原因という説が有力である。だが、それ以前から分裂は始まっていた。

新進党は、九六年の第四十一回衆議院選で、公示前から四議席を減らす敗北を喫した。細川護熙元首相は合意の上での「分党」を提案した。早い話、協議離婚しようとしたのである。小沢もいったん了承したが、公明党・創価学会が反対したためにこの動きは頓挫する。新進党は十月二十三日、最高顧問会議で小沢の進退を小沢自身に一任することを決定し、事実上、小沢の続投を認めた。小沢が選挙中、「党首として、最終の責任を取るのは当たり前」と発言し、敗北するなら引責辞任をほのめかしていたことはどこかに消えた。

自民党に対抗する二大政党の一翼として脚光を浴びた新進党だったが、以降は瓦解への道をたどる。同年十二月、羽田孜たちが「太陽党」を、翌年十二月に細川護熙が「フロムファイブ」を結党して離脱していった。

解党によって、さらに六つの政党に分かれることになった。小沢の「自由党」に集まったのは三分の一に満たない五十四人。残り百十九人は旧公明党系、旧民社党系、無所属など、ちりぢりばらばらに分かれた。

その流れの中で、一九九八年四月二十七日、離党、分党して行き場を失っていた羽田、細川たち、旧民社党系の新党友愛《しんとうゆうあい》、日本労働組合総連合会が支持する民主改革連合《みんしゅかいかくれんごう》が合流して、民主党が新しく生まれかわった。九六年に結成された最初の民主党は、社民党プラスさきがけの構成だけだったので、九八年に結成されたこの新しい民主党こそが、現在の民主党の源流である。

「新」民主党は初めて迎えた国政選挙だった一九九八（平成十）年七月の参議院選で、改選議席の十八を大幅に上回る二十七議席を獲得し、躍進した。二〇〇〇（平成十二）年六月二十五日、初の衆議院選で、三十二議席増の百二十七議席を獲得する。そして、二〇〇三（平成十五）年九月二十四日に、小沢一郎率いる自由党が民主党に合流した。これが民主党のスプリングボードとなり、同年十一月九日投開票の衆議院選で五十議席増の百七十七議席にまで伸ばした。

二〇〇五年九月十一日の衆議院選では、郵政民営化を掲げた小泉純一郎首相に攻め込まれ、民主党は一転して六十四議席減の百十三議席と惨敗した。ただ、選挙結果を子細に見ると、比例代表で民主党は二千百三万六千票を獲得し、〇三年より百六万票減らしたにすぎなかった。

3．小沢以前、小沢以後

自民党化する民主党の選挙

民主党史の重要な転換点は、二〇〇三年の小沢一郎の合流であった。

小沢合流以前と以後で、民主党で最も大きく変化したのは、選挙対策だった。元々、民主党の候補者は、風頼みで選挙をしていた。都市の無党派層の人気を当てにして、そのときの世論の追い風に乗って選挙を戦っていた。

そのような民主党候補に、小沢は、「民主党は地元を歩いていない」「徹底して選挙区を回れ」と檄《げき》を飛ばし続けた。

小沢の〝どぶ板〟にかける執念は非常に強い。記者会見でも強調している。

「自民党がたいしていいこともしない。いろんな不始末をいっぱいやっていても、政権をとれる。安心できる、という意識を国民が持ちがちなのは、やはり不断の努力と、いろんな、特に日本的な風土の中では、日常活動、人間関係、それが大きいというふうに私は思っております。とにかく、一生懸命多くの人に、大衆の中に入って語り合い、触れ合うということを、民主党の議員候補者もせめて自民党の半分ぐらい、と僕はいつもいうのですが、そうしたら絶対勝てるのにという思いは、選挙のたんびにします」（二〇〇七年二月六日、日本記者クラブで）

また、同じ小選挙区制のイギリスの様子を引き合いに出して語ってもいる。

「イギリスは小選挙区制で、しかも日本の三分の一から、四分の一の大きさ、十万人くらいです。その人たちの日常活動を聞きますと、本当に草の根の、みんなどぶ板の活動をしているんですね。かなり前ですけれども、イギリスに行った時、外務大臣に会ったら、金曜日まで中近東に行っていて、金曜の夜に帰ってきたと。土・日、昨日とおといは選挙区で選挙活動をしてきて、きょう月曜日、あなた方と会っていますといっていました。『へぇ、大変ですね？』といったら、それはもう民主主義のコストですから当然です、という話を聞いたことが、僕、印象に残っております」（同前）

小沢の選挙の戦い方は田中角栄から学んだものであり、かつての自民党のやり方そのものである。地方へ行けば労働組合の幹部と会合を持ち、農業団体を熱心に回る。北海道では鈴木宗男の新党大地《しんとうだいち》と手を結び、郵政選挙で自民党から切り捨てられた特定郵便局と通じ合う。民主党の選挙運動が、まさに自民党化した。

だが、このようなどぶをさらうような基礎票固めによって、民主党の政権交代という訴えもぐっと現実味を帯び、地に足が着いたものになった。

小沢の合流で、民主党が選挙に強い党になったのは間違いない。

二〇〇五年の衆議院選で当選した若手議員は、小沢を〝必要悪〟と表現する。

「民主党の候補が選挙に強くなり、民主党がきちんとした政党になるためには、小沢さんが必要だ。しかし、小沢さんがいる限り、今の支持率を大幅にアップさせることはできない」

4．民主党にまかせて大丈夫か

見えてきた議員の専門性

戦後生まれの日本人にとっては、一九九三年八月から九四年六月の一年弱ほどのごく短い期間を除けば、与党といえば自民党だった。そのため、どうしても政治を自民党というフィルターを通して見る習慣から抜け出せない。そして、自民党でなくては安定して政権を維持できない、自民党しか政権担当能力はない、と、永田町に染まれば染まるほど思い込みがちである。

だが国民は、小泉後の政権の混乱ぶりを見て、自民党に任せても安心できないと気づいてしまった。

そうであれば、民主党への政権交代を本気で考えなければならない。世論調査を見ても、民主党に一回やらせてみようという声が次第に強くなった。しかし依然として、自民党から聞こえてくるのは、民主党政権ができても長く持たないという、政権担当能力を頭ごなしに否定する声である。

もちろん、経験不足であるのは当然だ。だが、それだけを根拠に、民主党に能力がないと決めつけるのは性急だ。

野党の大政党だった旧社会党と民主党を比べても、民主党の政策は、旧社会党のような、まったく箸にも棒にもかからないようなものではなくなった。また「次の内閣」を設置し、年金は誰、金融行政は誰、農業は誰と、議員の専門性も見えるようになってきた。

民主党が、自民党と比べて政権を担う力があるかどうかを考えるために、民主党の潜在的な力を検証してみたい。

政党は人材

五五年体制の自民党と社会党の差とは、つまるところ人材の差だった。自民党に圧倒的に優秀な人が集まる一方、社会党には優れた人材がいなかった。それがそのまま、固定された与野党関係に反映された。結局、政党の強さを決めるのは、人なのである。

自民党のベテラン議員も内々、「若手クラスを比較すると、自民党よりも民主党のほうが良い人材がそろっている」と言っている。私も、人材の面では、自民党と民主党は互角になっているように感じている。そして、それを特に感じさせられるのが、民主党の生え抜き議員の存在である。

民主党は、少数政党の議員が寄り集まって成立した経緯から、生え抜きの議員は、一九九八年の参議院選、二〇〇〇年の衆議院選以降の当選者になる。

逆に言えば、それ以前の選挙に当選した人、つまり当選四回以上の議員たちは、別の政党から民主党にたどり着いている。たとえば小沢一郎は、自民党離党後、新生党、新進党、自由党を経て民主党に来た。九六年の、最初の民主党結成時のメンバーである菅直人や鳩山由紀夫も、菅は社民連《しゃみんれん》、鳩山は自民党から新党さきがけを経て旧民主党にいたった。元代表の岡田克也《おかだかつや》は、自民党、新生党、新進党、国民の声《こくみんのこえ》、民政《みんせい》党を経ている。同じく前代表の前原誠司は、日本新党、無所属、さきがけを経て民主党入りした。つまり、政党を渡り歩いた、言い換えると政党をつくったり壊したりしてきたのが、民主党の幹部クラスなのである。

生え抜き四天王

それに対して民主党生え抜きと呼べるのは、衆院なら当選三回以下、参院なら二回以下の議員になる。

なかでも能力に抜きん出て、これから小沢、鳩山、菅、岡田、前原らの体制を支え、彼らの時代が過ぎたあとには党の柱になるだろうと私が見ているのが、衆議院の長妻昭《ながつまあきら》（東京七区）、馬淵澄夫《まぶちすみお》（奈良一区）、細野豪志《ほそのごうし》（静岡五区）と、参議院の福山哲郎《ふくやまてつろう》（京都選挙区）の四人である。彼らを、民主党の「生え抜き四天王」と呼ぶことができるだろう。

長妻昭は、慶大法学部卒で『日経《にっけい》ビジネス』記者などを経て、政界入りを果たした。現在当選三回で、「次の内閣」のネクスト年金担当大臣、ネクスト官房副長官を務めている。二〇〇七年二月に、宙に浮いた年金五千万件の記録漏れ問題をあぶり出した。同年に行われた参議院選では、その年金問題が争点となり、民主党が圧勝、長妻は与野党逆転の立役者となった。

長妻は自分自身に対して非常に厳しい。長妻の父も、祖父も警察官だった。母からは「あなたが補導されたら、お父さんは自主退職になるんだからね」と言われ、厳しく躾《しつ》けられた。民主党が与党になったら、長妻の厳しい追及はなくなるのか？

「いや、国会で政府の不祥事、問題点はもっと厳しく追及しますよ。民主党としては政権についたことがないのは、逆に強みだ。自民党政権時代の不祥事を摘出して膿《うみ》を出すのが私たちの仕事です」

細野豪志

長妻昭

福山哲郎

馬淵澄夫

生え抜き四天王（右下、左上、左下　共同通信）

政権が交代したら、怠けた官僚はおちおち眠れないだろう。

馬淵澄夫は、〇六年、耐震偽装問題を追及したことで名を馳せた。当選二回。常識的な感性を持ち合わせる一方、国会の質疑では、明解な問題設定で、鋭い質問をする。横浜国立大工学部卒業という経歴を生かし、耐震偽装の問題では、理系的な能力が存分に発揮された。

馬淵には、弱点をはっきりと認める「強さ」がある。二〇〇八年十月一日、「Ｃｈａｎｎｅｌ Ｊ」のインタビューで、民主党の代表選が行われなかったことをただすと、次のように答えた。

「政党としての成熟度が低かった。私自身は野田佳彦さんを応援していた。しかし、野田さんが出馬表明をされた瞬間、慎重論や包囲網が出てきて、代表選をやること自体に恐れを感じている姿勢が露呈された。代表選が行われなかった結果、党の活力が削《そ》がれた。民主党には権力闘争、修羅場を経験している議員が少ない。代表選をやれば、もちろん、失うものは大きい。しかし、得るものはもっと大きかった……」

国会質問で見せる強面と全く違って、素顔の馬淵は素直だ。

細野豪志は、京大法学部卒業後、三和《さんわ》総合《そうごう》研究所（現・三菱ＵＦＪリサーチ＆コンサルティング）の研究員から政界に転じ、二十八歳で初当選を果たした。当選三回。一九七一年生まれの三十代で、四人の中では最も若い。キャスターの山本モナとの不倫疑惑で有名になってしまったが、細野の政策立案能力に対する党内の評価は非常に高い。

細野は会ってみると、長妻、馬淵のような苛烈《かれつ》さを感じさせない。

「私は組んで一緒に考える相手と、戦う相手とを分けている。エネルギー、安全保障、農政については官僚と一緒に勉強する。しかし、戦うべき相手とは徹底して戦う。たとえば、国土交通省。税金の無駄遣いや天下りは許さない」

私は敵とはみなされなかったせいか、彼の話しぶりから優しさがにじみでてくるようだった。

参議院議員の福山哲郎は、京都大学大学院修了後、大和《だいわ》証券から松下政経塾を経て、一九九八年に無所属で初当選している。翌年、民主党に入党した。民主党の力の源泉は、参議院で第一党となり、半数近い勢力を持っていることにある。福山はこれを「参議院での権力を渡され、国民から〝仮免許〟をもらった状態」と表現した。福山に「権力の肌触りは？」と聞くと、しばらく考えて、

「重たい……」

という言葉が返ってきた。

「以前とは責任の重さがまるで違います。参議院で法案を提出すれば可決することができる、政権側と協議すれば成立させることができる立場になった。議員個人が答弁席に座って与党側の質問に堪えるんですよ。霞が関官僚のシンクタンクがついている、与党議員とはまったく違います」

参議院の民主党は社民党出身の輿石東《こしいしあずま》や、元さきがけの簗瀬進《やなせすすむ》、元自民党の西岡武夫《にしおかたけお》ら古参議員の印象が強いが、これからは福山のような若手が中心になっていくだろう。

小泉チルドレンより有望な一回生の「三銃士」

次に私が注目しているのは、民主党の一回生議員である。彼らが当選したのは、二〇〇五年九月の郵政解散による衆議院選だったので、当時注目を集めたのは小泉チルドレンばかりだった。しかし、同時に当選してきた民主党の一回生のほうが、有望である。特に私は、小川淳也（香川一区）、北神圭朗《きたがみけいろう》（京都四区）、大串博志《おおぐしひろし》（佐賀二区）の三人を、民主党一回生の「三銃士」と呼んでいる。彼らは比例代表で当選してきたが、小選挙区で勝ち上がってくる日も遠くはないだろう。

小川淳也

北神圭朗

大串博志

民主党１回生の「三銃士」（共同通信）

小川淳也は東大法学部卒で、総務省の秘書課長補佐から議員に転じた。イケメン議員で、『週刊朝日』で「もてる政治家」に選ばれ、グラビアで花を持って登場していたが、日本の政治を変えるという意識が非常に強い。

「低成長、人口減の社会に日本の政治が対応していない。これからは国民に『負の利益』を分配しなければならない時代だ。そのとき、どんな人が何のためにお願いするかということが死活的に重要になる。政党、政治家が信頼を取り戻さないといけない」

北神圭朗は、京大法学部卒で財務省出身。小渕内閣の時、首相秘書官だった細川興一《ほそかわこういち》(のちに財務事務次官、日本政策金融公庫副総裁)の下で働いた経験を持つ。そうした経験を積む中で「政治を変えるには官僚では無理だ」と思い、出馬を決断した。父親の仕事の関係で生後九カ月から高校まで米国のロサンゼルスで暮らした。日本語は小林秀雄《こばやしひでお》の全集で学んだ。

「小林秀雄さんの全集を次から次へと読んで日本語を勉強した。分からない言葉があると、漢和辞典で調べた。漢和辞典は偏で調べますからね。どの偏が何ページに載っているかはおぼえてしまった」

大串博志は東大法学部卒業後、財務省で主計局の主査をつとめている。大串に民主党から出馬した理由を聞いた。

「予算の査定をしていて無駄が多いのが分かりました。新規予算は小さくして、毎年増やしていく。私たちはそれを『象の鼻』と呼んでいた。だんだん大きくなるから。そこが天下りの温床になった。政治家はその団体から票と金を得た」

「それに気付いてやめさせようとしたら、上司から『きみは頑張っているらしいね。頑張るなとは言えないが、いろんな意見を聞きながらやった方がいいよ』と言われた。最初意味が分からなかった。しかし、あるとき、これはやるな、という意味だと気付いた。役人として限界を感じざるを得なかった。政治が変わらなければ何も変わらないと思いました」

官僚にとどまっていれば、三人とも将来を約束された人たちだ。しかし、大串は四十歳のときに、小川、北神は三十代で、役所に見切りをつけて出馬した。彼らは、官の世界にあまり深入りする前に、役所を飛び出した。

それは、彼らが官僚として政治と接するなかで、自民党に失望し、自民党政治を変える必要性を強く感じたからに他ならない。彼らは、強い危機意識を持って政治の世界に参入した人間だと言える。それゆえに、志が高い。のちに紹介する自民党の若き実力者、菅義《すがよし》偉《ひで》党選対副委員長は小川らの能力を高く買い、「自民党で欲しいぐらいの人材だ」と語る。

民主党の幹部クラスの議員は、さまざまな政党を渡り歩いた末に、民主党にたどり着いた。彼らの多くは、民主党を選んだというより、結果的に民主党に入らざるを得なくなったという雰囲気を漂わせている。それに対し、民主党を選んで入った生え抜きの議員たちからは、政権交代と、日本政治の変革への情熱が強く感じられる。

彼らの感覚は鋭いが、政治家はそもそも、世の中の動きに大変敏感である。

記者やマスコミの人間は広い人脈を持っていて世論に通じているというイメージがあるが、政治記者は有権者とあまり接触しない。世論の動きを見極めようとすると、実は議員を通じて知るしか方法がない。それ以外では、せいぜい飲み屋で偶然一緒になった人やタクシーの運転手の話を聞くぐらいだ。

それに対して政治家は、様々なところにアンテナを張り、たえず有権者と接触しているのである。

そして、自民党議員と民主党議員を比べた場合、民主党議員のほうが鋭いアンテナを張っているように感じる。それは、自民党が組織主体の選挙をしているのに対し、民主党のほうが組織に頼らず、幅広い層と接触しているからであろう。

官僚出身者が民主党を選ぶ理由

長妻昭は、「三銃士」小川、北神、大串を次のように評する。

「役所の考え方を知りながら、民主党の立場でもって意見を言える人だ」

官僚はちょっとした言い回しや文章表現、いわゆる官僚用語で、法案を骨抜きにする。そして、政治家は往々にしてそれにだまされる。しかし、官僚出身の政治家は、官僚の発想や文章の書き方を経験的に知っているため、それを見破り、官僚の抵抗を突破する局面で非常に頼りになるという。

戦後、昭和四十年代ぐらいまで、自民党の中に、官僚派と党人派という区分けがあった。官僚出身者と生え抜きの政治家が、局面によって、強くなったり弱くなったりしながら共存していた。だがそのころは、官僚出身者といえば、自民党から立候補するのが当たり前だった。

大蔵省出身の古川元久《ふるかわもとひさ》が、九六年、民主党から出馬したときには、官僚経験者が自民党以外の党から立つのは珍しいと注目されたほどだ。

ところがその後、民主党から立候補するキャリア官僚出身者が続いた。今では、官僚から政治家へという転身は、自民党より民主党においてさかんに見られるようになった。

自民党には、世襲や後援会内部の引き継ぎなど、組織内で候補者が供給されていくパターンができ上がっている。官僚を含め、新たに国会議員を志す人たちは、いかに優秀でも、自民党のシステムに簡単には新規参入できない。いきおい、自民党から立ちたいと思っていても、空きがないため、民主党から立候補する元官僚が増えることになった。

一方、国民の側から見た印象では、自民党から立候補した官僚出身者は、「官僚政治家」というレッテルを貼られ、一般の国民生活を知らないと批判の対象になる。ところが民主党から立てば、同じ官僚出身ではあるのに、高い能力を持った若手のホープに見える。奇《く》しくも民主党は、マネーロンダリングならぬ、官僚ロンダリング（洗浄）の効果も持ってしまった。

こうして現在では、民主党が官僚出身者の主たる受け皿になった。民主党にいる優秀な若手議員は官僚出身であることが多い。彼らの存在が、民主党の政策立案能力の向上に貢献しているのは間違いないだろう。

どんなに勝っても社民党と連立

次期衆議院選で民主党が第一党になれば、政権を獲得することになる。そうなった場合に備えて、次の三つの点に注意してほしい。

一つは、成立する政権は民主党単独ではなく、国民新党《こくみんしんとう》と社民党との連立政権にならざるを得ないことだ。それは、参議院の議席数から必然的に起こる結果だ。

参議院で民主党は第一党であり、大きな力を持っている。しかし、過半数を制しているわけではない。民主党の議席は百八、過半数の百二十二に十四議席足りない。これを補うため、国民新党（五議席）、無所属議員の集まり「新緑風会《しんりょくふうかい》」（四議席）、新党日本《しんとうにっぽん》（一議席）と統一会派を組んでいるが、それでも合計百十八議席だ。過半数を得るためには現状では、社民党（五議席）か、共産党（七議席）と組むほかない。共産党と組むわけにはいかないので、社民党と組むのが現実的な選択だ。

したがって、衆議院選で民主党が第一党になっても、その後にできあがる政権は「民主・社民・国民新連立政権」となる。連立政権ではキャスティングボートを握る政権が力を持つようになるのは政治の定理なので、社民、国民新両党の発言力が強まるのは必至だ。

小沢一郎が社民党、その前身の社会党と組むのは細川連立政権以来となる。小沢には、社会党との連立に苦い思い出が残っている。

羽田孜が一九九四（平成六）年四月二十五日、首相に選出された直後、新生、日本新、民社、自由の各党と院内会派「改革の会《かいかくのかい》」は社会党を出し抜くかたちで、新しい統一会派「改新《かいしん》」を結成し、衆院に届け出た。社会党が激しく反発すると、小沢は記者団に「ヤキモチを焼くくらいならこっちに来ればいいいんだ。〝理由なき反抗〟だな」と語り、神経を逆撫《さかな》でした。こうしたことによって醸成された「反小沢感情」が、社会党が自民党、新党さきがけとの連立に走る動機になっていった。

社会党は村山富市を首相とする自民・社会・さきがけ連立政権時代に、自衛隊を合憲と認め、消費税率引き上げでも先導役を演じて、その挙げ句、党勢が衰退した歴史がある。この歴史を踏まえれば、社民党は連立政権で独自性を発揮しなければ、党がなくなる恐怖心が生じるはずだ。

二〇〇九年一月の民主党大会で来賓として挨拶した社民党の福島瑞穂《ふくしまみずほ》党首は、ソマリア沖への海上自衛隊派遣について「政府は自衛艦を派兵しようとしている。自衛隊派兵恒久法案への地ならしではないかと大変危惧している」と表明した。「派遣」を「派兵」と呼んだことに違和感を覚えた民主党議員は少なくなかった。

今は社民党にさかんに秋波を送っている小沢も、この社民党の危うさを熟知しているはずだ。小沢は当然、自民党の一部の引き込みを計るとともに、二〇一〇（平成二十二）年夏の参院選で議席の上積みを目指すだろう。

今、次期衆議院選が注目を集めている。だが、二〇一〇年夏の参議院選は衆議院選と同じくらいの重みを持つ。その時、民主党に逆風が吹き、自民党が勝利したとしたら、現在の「衆参ねじれ」が「衆院は民主、参院は自民」といった逆の形になる可能性もある。つまり、二〇一〇年の参議院選が終わるまで、新しい政治の枠組みは決まらないといえる。

ところで、「民主・社民・国民新連立政権」が樹立された場合、どんな政策が実行されるのだろうか？　これが二つ目の注意点だ。民主党の決定が社民党、国民新党の反対によって覆されることが起こる可能性があるのだが、そもそも、民主党が政権を獲得した場合、どんな政策を実行するのか、どういう統治機構にするのかを明示していない。

二〇〇八年暮れ、学者や経済人らでつくる「新しい日本をつくる国民会議」（21世紀臨調）は、次期衆議院選に向け、各政党は早期に政権公約（マニフェスト）の骨格を公表し、政府運営の具体的方策（統治マニフェスト）も策定するように求める緊急提言を発表した。しかし、どの政党もマニフェストの早期公表に消極的だ。

自民党なら、現在の政権の延長線上で、ある程度推測できる。だが、民主党が政権を取ったらどうなるか。党幹部が時折発言しているし、党として決めたことは部分的には存在しているが、全体像を示したものはない。

民主党幹部によると、マニフェストの公表は「衆議院が解散された日になる」という。しかし、民主党には、自民党以上にマニフェストの早期提示が求められる。単に政権交代を訴えるのではなく、政権交代したらどのようになるかを早く示さないと、国民は判断しようがないではないか。

「小沢政権」の寿命

三つ目の注意点は、民主党が政権を獲得するなら、誰が首相になるかだ。小沢一郎代表が首相に就任するのは間違いないだろう。民主党の内外で「小沢さんは土壇場で受けないのではないか」という観測が消えないが、小沢が民主党代表として戦うのに、勝ったら首相にならないというのはまったく筋が通らない。

小沢自身、二〇〇九年一月三十一日、地元の岩手県盛岡市で開かれた党県連定期大会のあとの記者会見で「政権が交代した暁に首相になる考えは？」と聞かれて、こう明解に語っている。

「私が民主党の代表で、民主党が国民の支持を得て過半数を、あるいは民主党中心の野党が過半数を得たという場合には、その責任を果たさなくてはいけないと思う」

小沢は二〇〇八年六月二十二日、朝日新聞朝刊に掲載されたインタビューでも、「本当は総理大臣をやりたくないという見方がある」との質問に、

「もし代表で総選挙に勝てば、当然、いやでもやらなければならない」

と答えている。ここまではっきりと語っているのだから、首相に就任しないことはないに違いない。しかし、健康不安は残る。

代表に就任した直後、二〇〇六（平成十八）年五月九日の記者会見で、衆議院本会議をたびたび欠席する理由を聞かれて、次のように語った。

「十数年前に心臓疾患で入院後、食事後すぐ仕事にかからないよう医者から忠告を受け、守り続けている。理解してほしい」

「（公務の）朝食、昼食会は断っている。重要なものはスケジュールをずらして出席しているが、（午後一時開会の衆院本会議など）昼食時間にぶつかったものは欠席している」

小沢が一九九一（平成三）年六月に狭心症で倒れ、長期入院したことにはすでに触れた。食後、すぐに仕事をしないようにし、朝食会、昼食会を断っていて、首相の激務をこなせるのだろうか。衆議院、参議院の予算委員会だけ見ても、午前九時に開会されることはよ

くあるし、正午から一時間の昼食休憩をはさんですぐに再開される。予算委開会前には、答弁の打ち合わせも入る。外国首脳から頻繁に電話が入るし、首相が出席しなければならない、サミット（主要国首脳会議）などの国際会議、米大統領らとの首脳会談も少なくない。

小沢は体調を維持できるのだろうか？　また、小沢の「わがまま」が出ることはないのだろうか。

首相は四六時中、どこに行っても番記者が張り付き、月曜日から金曜日まで原則として一日二回、記者団のぶら下がりインタビューを受けることになっている。日程は原則公表だ。極秘行動を得意とする小沢が一日二回のインタビューを受けるだろうか？「小沢首相」は内閣記者会（首相官邸記者クラブ）と真っ先に対立しそうだ。

このように考えると、「小沢政権」はそう長続きせず、早晩、別の民主党幹部、たとえば岡田克也副代表、菅直人代表代行、鳩山由紀夫幹事長らに首相の座を譲るのではなかろうか。

5. 自民党は生き延びられるか

民主党は割れない

予測では、次の衆議院選の結果で負けたほうは分裂するだろうと言われている。つまり、自民党が負ければ自民党が、民主党が負ければ民主党が分裂するというのだ。

しかし私は、民主党が分裂する展開は起こらないと考えている。次の総選挙で民主が一挙に過半数を獲れなくとも、もう一度選挙をやれば過半数を獲れるという期待が持続するはずだ。そこまできて、政権交代の可能性を手放そうと思う議員は少ないだろう。

元々、民主党議員のほとんどは野党暮らしが長い。あるいは、野党しか経験したことがない。だから政権が獲れなかったとしても、悔しさを感じることはあっても、ことさら寂しさを感じることもないだろう。

自民党は〝政権維持政党〟

だが一方で、自民党が負けたら、分裂する展開は大いにありうる。

一九九三(平成五)年、非自民連立政権が誕生して下野を余儀なくされたときの自民党議員の心境は、当時、亀井静香が漏らした次の言葉が端的に示している。

「権力を操れると思って自民党に入党し、選挙で自民党から立った。権力を持っていない自民党なんて、ちっとも面白くない」

政権を握っている政党だから自民党を選んだという。このことは、自民党の本質が、理念や政策で結びついた集団ではなく、亀井のぼやきのように、権力を保持する目的で集った〝政権維持政党〟にあることをよく表している。自民党は、政権という酸素があるから生き延びていける政党なのであって、その酸素がなくなった途端、窒息する運命にある。

実際、政権を失ったこのときの自民党はまさにメルトダウン(炉心溶解)の様相を呈した。櫛の歯が欠けるように五月雨《さみだれ》的に離党が相続き、九四年六月に自社さ連立政権で与党に復帰するまでの一年弱の間に、離党者は衆参合わせて実に三十三人に上った。

もし次の衆議院選で自民党が敗北すれば、そのときと同じような展開が予測される。自民党は次第に溶けていくのだろうか。

だが、ここが自民党の踏ん張りどころだ。

民主党政権ができた場合、今度は民主党がダメになったときに受け皿として復活できる対抗政党でいられるかが、自民党の正念場となる。

政権交代は、一度起きたら終わりではない。これからの日本の政治に必要なのは、政権交代に堪えられる政党、議員である。

新自民党の担い手たち

自民党にも、人はいる。

衆院当選四回以下の「小選挙区世代」に限って見ると、人材の筆頭格が菅義偉（神奈川二区）だ。菅は初当選から二年後、一九九八（平成十）年夏の参議院選で自民党が大敗し、橋本龍太郎首相が退陣表明したのを受けた総裁選で、梶山静六元官房長官を擁立して戦った。この総裁選と、八七（昭和六十二）年に横浜市会議員選挙に立候補したときが政治家・菅の「原点」となる。

「横浜市西区で立候補したとき、定数が三から二に減り、すでに自民党公認候補がいた。だから、仕えていた小此木《おこのぎ》彦三郎《ひこさぶろう》衆議院議員も、私の周りも『次にしろ』とか『混乱させるな』と言って反対し、私を降ろそうとした。自民党の悪い部分を全部見た。でも、私のほうが強い、今しかないと思って出馬した。三十八歳、子供が六歳、三歳、六カ月だった。

あのときに勝負しなかったら、今の私はない」

菅は勝負時をつかむカンと、実現可能かどうかを瞬時に計る目測力が優れている。でも敗北もあった。梶山とともに、総裁選を戦ったときだ。

「政治家の八割は勝つ方に流れるということですね。その前に協力するような話をしていても全然、守られない。いざという時、『やっぱり私は……』という人がいる。だから、勝つと思わせることが大事だ」

政治の非情さを味わったことが安倍晋三を担いだ二〇〇六年総裁選、麻生太郎を担いだ〇八年総裁選での勝利につながっていく。

菅と同じ衆院当選四回では河野太郎《こうのたろう》（神奈川十五区）がいる。河野は「規格外れ」から、着実に仕事をこなす政治家に成長した。

河野は二〇〇八年暮れ、岡田克也民主党副代表らとともに、基礎年金を全額税財源で給付することなどを柱とする年金制度改革に関する提言をまとめた。また、自民党無駄撲滅プロジェクトチームの主査として、中央省庁が持っている仕事をゼロベースで見直す「政策棚卸し」を進めた。

河野は、私が「次の衆議院選で自民党は負けるかもしれない……」と言ったら、血相を変えた。

「負けるかもしれないじゃなくて、一〇〇パーセント負けます。自民党が社会保障、景気、既得権の問題について答えを出さなければそうなります。国民はこんな景気の状況なのに、なぜ与野党がけんかしているのかと強い不満を持っている。総理大臣を代えるかどうかではなく、自民党がきちんとした政策を打ち出すかどうかの問題だ」

当選三回では後藤田正純《ごとうだまさずみ》（徳島三区）と梶山弘志《かじやまひろし》（茨城四区）だろう。正純の大叔父《おおおじ》は後藤田正晴、弘志の父は梶山静六である。いずれも一時代を画した政治家であり、名官房長官として知られている。

後藤田正純は自民党のガバナンスの低下が派閥の弱体化にあるとみて、新しいグループづくりを目指す。

「今は政策グループをつくる絶好のチャンスだ。総理総裁を狙う人を長とする、世代交代する、政策理念で一致する――。この三つを満たすグループをつくりたい」

とりあえず、次期衆議院選をどう戦うか。後藤田の回答は明解だった。

「七月（のサミット）で、オバマ米大統領と誰が握手するのか。今の時点では、石破《いしば》さん（茂農水相）しかいない。石破さんは五十二歳。オバマとは五歳違いだ。オバマ政権におけるバイデン副大統領にあたるのは与謝野さん（馨財務・金融相）だ。『石破─与謝野』の組み合わせなら、誠実な説明能力がある」

梶山は地味ながら、総裁選を戦う中で地力を付けてきた。安倍擁立の基盤となった「再チャレンジ支援議員連盟」の事務局長、二〇〇八年秋は麻生太郎を担ぐ派閥横断選対の事務局長を務めた。総裁選で陣営の中心となって戦うことは、多くの議員を知ることにつながる。

「人の集め方とか連絡の仕方とか、よく分かりました。何よりも議員一人ひとりの行動様式がよく分かりました」

「次期衆議院選の前に、また総裁選をやるんですかねぇ……この三年間、毎年総理総裁を代えてきて、また代えるのは難しいのではないでしょうか？」

梶山と後藤田はよく話し合っているが、次期衆議院選をどう戦うか、二人の戦略はまだ一致していない。

当選二回で頭角を現してきているのは菅原一秀《すがわらいっしゅう》（東京九区）。若手きっての情報通だ。

「無派閥で通しているが、派閥に属する人たちより劣るのは情報力だと思って、他の議員の何倍も意識的に情報を集めている」

こう語る菅原は、二〇〇六（平成十八）年二月、民主党の永田寿康衆議院議員による偽メール問題で、知人の情報を基に安倍晋三官房長官にいち早く「あれは偽物だ」と伝えた。

「私が報告した一、二時間後に、小泉首相が『がせネタ』と断言した。ほかの情報もあったんだろうと思ったが、調べてみると私だけの情報だった。ひやひやしました」

目についた自民党議員を紹介してきたが、自民党議員の強さは権力を握っているからという側面がある。もしも、権力を失ったとしたら、彼らは強くなれるだろうか……。

第四章

『CHANGE』に見る理想の総理像

木村拓哉総理から見えること

ここまで、私の政治記者としての経験を踏まえて、政治家たちの〝現実〟を描いてきた。この章では少し視点を変え、国民にとっての、〝理想〟の政治家像、〝理想〟の総理像について考えてみたい。

私は、二〇〇八（平成二十）年の五月十二日から七月十四日にかけて十回にわたって放映された、フジテレビの「月9」ドラマ『CHANGE』の監修を担当した。

木村拓哉《きむらたくや》さん扮《ふん》する小学校教師・朝倉啓太《あさくらけいた》が、代議士の父親の死をきっかけに政治の世界に入り、ひょんな成り行きから総理大臣になってしまうという物語で、政治の素人《しろうと》の視点から政治の世界を描いたドラマである。私の主な仕事は、福田靖《ふくだやすし》さんが書いた脚本を読んで政治に関する台詞をチェックし、アドバイスすることだった。このドラマは、平均視聴率二二パーセントで、二〇〇八年の民放連続ドラマでは二番目に高い人気を集め、放映中に米『ウォールストリート・ジャーナル』紙が、当時の福田康夫総理と朝倉総理を比較する記事を出したことでも話題になった。

人気の理由は、もちろん木村拓哉さん、総理秘書官・美山理香《みやまりか》役の深津絵里《ふかつえり》さんをはじめとするキャストの魅力が大きかっただろうが、このドラマが、時代を捉えていたからに違いない。今の政治はどこかおかしいと考えている人々が、朝倉啓太総理大臣の活躍に、〝理想の政治家〟像、〝理想の総理〟像を重ねながらドラマを見ていたのではなかろうか。

　であるなら、このドラマの主人公・朝倉から、多くの人が考える、政治家の理想像を見つけていくことも可能だろう。ドラマの中の、朝倉の政治家としての行動を見ながら、人々が望む政治家とは何かを考えてみたい。

「永田町に染まっていない」

　朝倉啓太の特徴を一言でいうと、「永田町に染まっていない」ことである。

　朝倉啓太は非常に若い。彼が総理大臣に選ばれたとき、「日本憲政史上最年少、しかも新人議員の総理就任は初めてのこと」と劇中のニュースで報じられ、設定では三十五歳である。しかも、議員になるまで政治経験がない。彼は代議士の息子だが、本人は政治の世界に関心がなく、父の後継者には彼の兄が予定されていたので、実家を出て政治とも選挙とも無縁な生活を送ってきた。しかし、兄も父と一緒に死んでしまう。

　そんな人物が初当選して、二、三カ月後に総理大臣になるのは、ドラマならではだが、世界を見渡せば、若くて、政治経験が少ない首脳は実在する。

ドラマの中で名前をあげられるのが、英保守党のキャメロン党首とオランダのバルケネンデ首相だ。

イギリスのデービッド・キャメロンは、一九六六年生まれ。二〇〇一年に初当選し、二期目の〇五年十二月に保守党の党首選で初当選した。三十九歳という、党史上二番目の若さで党首に就任した。

オランダのヤン・ペーター・バルケネンデは、一九五六年生まれ。九八年に下院議員に初当選し、二〇〇一年、当時野党だったキリスト教民主勢力の党首に選ばれる。キリスト教民主勢力は、〇二年の総選挙で第一党に躍進。バルケネンデは、議員になって二期・五年目の四十六歳で首相になった。

そして、アメリカのバラク・オバマ新大統領がいる。オバマは州議会議員を八年、合衆国上院議員を四年間務めただけで、四十七歳で大統領に選ばれた。

彼らから見えてくるのは、世界の趨勢《すうせい》として、国家の首脳にベテラン政治家であることや、政治経験豊富であることは、必ずしも求められていないということである。

過ちがあれば謝る

朝倉啓太の行動の特長として、まず、何か問題が起こったとき、正直かつ真剣に謝罪するということがあげられる。

第一話で、衆議院補欠選挙の投票日が間近に迫った時期、朝倉の父への不正利益供与疑惑に関する新聞記事が出る。大堂商事《だいどうしょうじ》が、未公開株で政治家に不正な利益供与をした十八年前の事件では、朝倉の父も株を受け取った政治家のひとりに名前があがっていた。しかし、当時は証拠不十分で誰も起訴されていなかった。記事は、事件の新事実が判明したという内容で、対立候補側がシンパの新聞社を使って仕掛けてきたものだった。

周囲の人間は朝倉に、疑惑を否定しろと言う。だが彼は、その日朝の街頭演説で不正があったことを認め、聴衆に頭を下げて謝罪する。

「僕はこの疑惑を否定できません」

「父が金を受け取ったのは本当だろうと思います」

「きれいごとで政治は出来ない。いいことをするために仕方なく不正に手を染めることだってあるじゃないか」

「でも……僕は、世の中には必要な悪があるなんて、子供たちには教えたくありません」

「父が皆さんを裏切ったことを、僕は息子として謝ります。申し訳ありませんでした」

(台詞の引用は『CHANGE』脚本より、以下同)

朝倉の言葉が新鮮に響くとしたら、それは今まで、様々な国会議員の不祥事が起こった際、不正の事実を正直に認めて謝った人が、ほとんどいなかったからだ。

ドラマの不正利益供与事件のモデルと思われるリクルート事件では、疑惑の対象となった政治家たちが、口をそろえて「秘書が(未公開株を受け取った)」「妻が——」と釈明し、子どもたちまでが真似をした。国際興業《こくさいこうぎょう》社長の小佐野賢治《おさのけんじ》がロッキード事件の証人喚問で連発した「記憶にございません」は、政治家が言い逃れする決まり文句として定着した。政治家とは誤りを認めない人というイメージが、定着してしまった。

そんな政治家たちに怒りをおぼえている国民が、悪いところは悪いと認めて詫びる、正直な政治家を求めるのも当然である。疑惑の内容もさることながら、過ちに気付いたときにどう対処するかが問われているのだ。

国民と同じ目線に立つ

次に挙げられる特長として、朝倉啓太は、有権者と同じ目線に立って行動する。

彼が、国民と「同じ目線に立つ」のに自覚的になるのは、与党日本政友党《にっぽんせいゆう》の総裁選を通してだった。

朝倉が登院して間もなく、元々人気のなかった現職の鵜飼《うかい》総理（伊東四朗）の女性スキャンダルが暴かれ、鵜飼はついに退陣する。政友党としては、新総裁、つまり新しく総理大臣になる人間を立てなければならない。しかし、内閣支持率はどん底まで落ち込んでいて、三カ月もすれば解散・総選挙になる見通しだ。選挙になれば惨敗が確実で、総理は責任を取らされて辞任に追い込まれることが必至である。今、総理になるのは火中の栗を拾いに行くようなものだった。

そんな状況でも、当選したばかりの朝倉だけは、補欠選で謝罪した新鮮さとルックスの良さから、ワイドショーで「国会王子」と綽名《あだな》を付けられ、人気を集めていた。そこで、政友党の陰の実力者で総務会長の神林正一《かんばやししょういち》（寺尾聰）は、朝倉を人気取りのためのお飾り総理に担ぎ上げ、自分は官房長官として裏で内閣を支配するシナリオを描いた。

カップラーメン騒動を予言？

朝倉啓太は総裁選に立つことになるが、いくら陰の実力者の後ろ盾があるといっても、ずぶの素人を総裁に選ぶ議員は少ない。彼が総裁選に勝つには、議員たちが無視できなくなるほど、国民全体の支持を集める必要があった。他の二人の候補はいずれもベテラン議員で、候補者討論会に出ても、朝倉は彼らの議論にまったくついて行けない。だが途中から朝倉は、自分には大事なことに思えない、彼らの会話に違和感を抱くようになる。

転機が訪れたのは、討論会で財政が話題になったときだった。増税の話題に関連し、一人の候補が、サラリーマンの一日の昼食代は千円だと発言したのに対して、朝倉は思わず、それは高すぎる、実際は六百円くらいだと反論する。二人の候補からは瑣末《さまつ》な違いだと切り捨てられるが、このとき朝倉は、自分のほうが一般の有権者に近いのが、自身の武器であることに気づいた。

ここで思い出されるのは、麻生首相が二〇〇八年十月の参院外交防衛委員会の答弁で、カップラーメンの値段は四百円だと発言して、庶民感覚とのズレを指摘された件だ。ドラマでこの回が放映されたのは、麻生発言より前の五月二十六日である。質問した民主党の議員は、ドラマを見て質問を思いついたのかもしれない。

ともあれ朝倉は、総裁選の予備選を戦う街頭演説で、特権階級のように振る舞ったり、狭い世界でしか通用しない言葉しか話せない政治家を批判したりしたあと、聴衆に向かって約束する。

「皆さんと同じ目で、今の政治の間違いを見つけ出し、そしてそれを正すこと」

「同じ耳で、弱者と言われる人たちのどんな小さな声も真剣に聞くこと」

「同じ足で、問題が起こっている現場にためらうことなく駆けつけること」

「同じ手で、自分も泥にまみれて働き、そして、この国の進むべき道を指し示すこと」

そして最後に、「僕のすべては皆さんと同じです」と、自分が、一般の人々と同じであることを強調する。

朝倉啓太の政治家としての行動は、街頭演説の「約束」に集約されている。

永田町の価値観を拒否する

第二話で、議員になったばかりで、国会の右も左もわからず、委員会の議論にもまったくついていけない朝倉のところに陳情客が訪れる。

男は、猫をたくさん飼っているという理由で立《た》ち退《の》きを要求されるのは不当だと、朝倉に訴えた。他の議員には話を聞いてもらえなかったという男の話は、なかなか終わらない。しかし朝倉は、彼のおかれている状況を理解しようと一所懸命耳を傾ける。秘書の美山は、党の重鎮との会食に遅刻しても話を聞いている朝倉に怒るが、朝倉は反論する。

「国会議員とか言ったって、僕は何にも出来ないんです。たくさんの人が選挙で僕の名前書いてくれて、毎日タダで電車に乗らせてもらってるのに……何でもいいから誰かの役に立ちたいと思うのは間違ってますか」

彼にとっては、党の重鎮の機嫌をうかがうより、目の前で困っている人に手を差し伸べることのほうが大事なのだ。

第四話では朝倉が、国の責任を問う裁判で、国が控訴するのを止めさせるエピソードが登場する。

総理になったばかりの朝倉は、前総理のときに承認された書類への署名を求められる。国が建設したダムのせいでクラゲが大量発生し、魚が捕れなくなったという漁業関係者の訴えに、地裁が国の責任を認める判決を出した。朝倉が署名を求められたのは、国としては判決を不服として控訴するという内容だった。朝倉は、ダムとクラゲの発生に因果関係がないとする環境省の説明が腑《ふ》に落ちないので、署名を留保し、資料を調べはじめる。

官房長官の神林は、思わぬ展開に驚き、ダム問題発生時の国土交通相で現在党幹事長の小野田朝雄《おのだあさお》(中村敦夫)を、朝倉の説得に向かわせる。小野田は、国が責任を認めて謝ったら、同じような問題すべてに莫大《ばくだい》な賠償金を払うことになりかねないと翻意を促す。だが、朝倉は、「悪いことをしたなら償うのは当たり前でしょう。普通に生活しているひとりの人間より国の方が偉いんですか。官僚の方が偉いんですか」と反駁《はんばく》した。

小泉純一郎が、ハンセン病訴訟で控訴を取り下げ、国側の責任を認めて患者・遺族側と和解した件を連想させるが、朝倉は、国や官僚の論理に従うのを明確に拒否した。

熱意と使命感とリーダーシップ

ドラマの中で描かれているベテラン政治家の多くは、尊大で硬直的で鈍感だ。選挙で勝つこと、あるいはポストを得ることにしか興味がなく、国民のために何が必要か、何が求められているかには関心を示さない。それとは対照的に、朝倉啓太は、問題だと思えば、どんどん現地に足を運んで自分の目で現場を見、必要な対策を取るべく行動に移す。彼は、正直で、大変な熱意を持ち、目の前に困っている人たちがいればすぐ助けたいと思う感性を持っている。そして実際に助けるために政治を動かす。

さらに朝倉には、自分が人々から選ばれた結果、政治家としてさまざまな権限を与えられているのだから、それを国民の生活を良くするために使わなければならないという使命感がある。そして、たとえ周囲の官僚や政治家に反対されても自分の意見を貫き、逆に目的を実現するために、彼らを巻き込んで動かしていくリーダーシップを持っている。

第六話では、朝倉は秘書の美山から、彼女の元同僚の子どもが肺炎にかかったが、引き受ける病院が見つからなかったため症状が悪化して、今も入院中だという話を聞かされる。朝倉は、すぐにこの子どもを見舞いに行く。そして担当医師から、日本の小児科が医師不足で危機的状況にあることを聞かされると、補正予算案に小児科医を増やすための対策費用を組み込む努力をする。

はじめ、各省庁から出向してきた官僚である総理秘書官たちは渋る。だが朝倉は、関係各所を説得し、閣議で反対する大臣が現れたら、罷免してでもこの予算案をつくろうとする。操り人形のつもりだったのに、勝手に動きだした朝倉に危惧を抱いた神林は、裏で手を回し、与党議員を本会議に欠席させることで予算案否決をもくろむ。だが朝倉は、小児科医療充実で意見を同じくする野党党首を説得し、神林に従わない一部の政友党議員も合わせて、法案成立に必要な人数を集めることに成功する。

朝倉は総理大臣の権限を存分に活用して、自分の理想とする政策を実現するために迷いなく突き進む。放映当時、福田内閣は「ねじれ国会」で法案をほとんど通せない膠着《こうちゃく》した状況だった。しかし福田に、熱意を持って党内や野党を説得する気概があったろうか。視聴者は、福田と違い行動力のある総理大臣の活躍に溜飲《りゅういん》を下げたはずだ。

国民に語りかける

朝倉啓太は、政治家として勝負に出るとき、自らの思い、信念を有権者にじかに訴える。補欠選挙と総裁選のときは街頭演説で、そして総理を辞する決意をしたときは、特別にテレビ中継を用意して、国民に向けて直接語りかけた。

彼は話すとき、政治用語や官僚用語を使わず、自分の言葉で、なるべく分かりやすくなるように心がける。

お飾りの総理だったはずの朝倉が自分の意志で動き、総理大臣としての権限も使って、補正予算案の修正や野党との折衝まで行うようになったので、彼を総理に担いだ神林は追い落としを図る。朝倉内閣の閣僚八人が、大堂商事より利益供与を受けていた。内閣の布陣を決めたのは神林で、必要なとき朝倉内閣を倒せるように仕込んでいたのだ。神林は不正の事実をマスコミにリークする。この他にも様々な権謀術数を使い、朝倉内閣を総辞職へと追いつめてゆく。

朝倉は総理大臣の職を辞する覚悟を決め、テレビ演説に向かった。最終回のテレビ中継の演説は、朝倉総理が国民に語りかけるのと同じように、木村拓哉さんがカット割りなしで、二十二分にわたってカメラに向かって話し続けた。テレビドラマでは非常に珍しい形と、大変話題になった。

彼は、自分が小学校教師だったことを踏まえて、「小学五年生の子供にもわかるように」話しかける。

まず、「正直言って、政治に特別な関心も持っていなかったんです」、「必ず選挙に行ったかというと……すいません。正直言って、行かないこともありました」、「自分の一票で政治が変わったと実感したことなんてなかった」と、自分が政治の世界に入るまで、政治に無関心だったことを告白し、謝る。

そして、「議員になっても何をやっていいのか全然わから」ず、出席した委員会では、まともな議論も行われずに党や派閥の力関係で法案が決まり、その後、その法案の実効性を検証することもない現実に直面し、「政治というものをますます遠く感じてい」たことを明かす。

そこに総裁選出馬の打診がきた。総裁選を戦うなかで、自身の政治への意識が芽生えていった。

「他の候補の方の意見を聞いてるうちに、それは違うんじゃないかとか、自分だったらこうするとか、そういう思いみたいなのがどんどん出てきて……。僕は気がついたんです。政治に関心はないと思っていたけど、自分の中にも世の中がこうなってほしい、こうしたい！　っていう気持があったんだって。そして、国民と同じ気持ちでなければ、同じ目線に立たなければ、国民のための政治はできないんだって」

そして総裁選で国民と交わした約束を忘れず、支持し期待してくれる人々のために働いてきたが、大堂商事疑惑で国民の信頼を裏切ってしまったことを謝罪する。

「大堂商事疑惑は朝倉内閣の重大な不祥事です。内閣だけではありません。八人の閣僚だけでなく、十五人もの国会議員が不正なお金を受け取っていたことは、この国の政治そのものが信用を失う大失態です。やっぱり政治家は汚いことをしてるじゃないか、そんな政治家が大臣になるのか、だから政治家は信用できないんだ……。僕には、皆さんの声がはっきり聞こえます。僕だってそう思います。そんな政治家たちが、それを許した総理大臣が、何食わぬ顔で居座り続けるのは間違ってるんです。僕は改めて皆さんにお詫びします。本当に申し訳ありませんでした」

朝倉総理の集大成

しかし、「政治の世界に入って、僕には希望を感じることもたくさんあった」と主張する。永田町に、「権力に一切執着せず、理想と使命感に燃えて働く政治家」、「長いキャリアと影響力を持ちながら、自分の過ちをはっきりと認め、潔く身を引く政治家」、「本当にこの国のことを考え、必死で働く」官僚、「この国のために、国民の皆さんのために、命をかけて総理大臣を守ろうとする警察官」、「永田町の空気に染まることなく、国民の目で政治を見続けられる女性」、「熱く、強い気持ちがなければ政治は出来ないんだと、いつも僕の背中を押してくれた人」、「政治には、人の血が通っていなければならないということを僕に教えてくれた人」がいたことを、みんなに知って欲しいと訴える。

そして、総理大臣の辞任を表明するとともに、衆院解散・総選挙を宣言する。

「ただ……僕は、今度の問題はそれだけでは皆さんに対して責任を取ったことにはならないと思います。疑惑の政治家たちは、まだ政界に残っています。僕は、この人たちにも、いいえ、議員全員に、辞職してもらおうと思うんです。つまり、衆議院を解散し、総選挙でもう一度、皆さんに国会議員を選び直していただきたいんです」

「国の主人公は国民なんです。僕はこの国の政治を、改めて皆さんの手に委ねたいんです。今、この国には問題が山積しています。少子化問題、教育問題、医療問題……。解決していかなければならないことがたくさんあります。でも、それは政治家だけが考えるんじゃない、皆さんひとりひとりが、真剣に考えていかなければならないんです。皆さんには、本物の政治家を選ぶ権利と義務がある。私利私欲に走らず、約束を守り、国民と同じ目線に立てる政治家を国会に送り出すのは、皆さんなんです。

以前の僕は間違ってました。今、僕ははっきりと、確信を持って皆さんに言える。あなたの一票が政治を、この世の中を変えることができると。

僕は内閣総理大臣として、衆議院を解散することを決意しました。この解散は、朝倉内閣の実績を皆さんに問うためのものではありません。子供たちに希望ある未来を用意するための解散です」

朝倉総理の集大成といえる演説である。

政治家に必要なもの

前章でも引いたマックス・ウェーバー『職業としての政治』では、政治家に求められる資質として、「情熱」「責任感」「判断力」の三つがあげられている。

「情熱」とは、「事柄」――「仕事」「問題」「対象」「現実」などと言い換えられる――に情熱的に身を捧げることである。情熱は、「仕事」への奉仕を通じて「責任感」と結びつき、政治家はどんなことをするときでも、その結果に責任を取るという意識を忘れてはならない。

「情熱」が「責任感」に結びつくためには、「判断力」が必要となる。精神を集中して冷静さを失わず、現実をあるがままに受け止める能力、言い換えれば、事柄と人間を、距離を置いて見られることが必要となる。つまり政治家は、情熱的でありながら冷静でもあるという相反する二つの性質をもっていなければならない。このバランスが崩れると、虚栄心に溺れ、何かのためではなく、自分のために権力を振るったり、自分に権力があることを示すため、より大きな権力を求めたりするようになるという。

ウェーバーの解説は一見難しそうだが、朝倉啓太の姿と、さほど距離はない。朝倉には「情熱」「責任感」「判断力」のいずれもが備わっている。一般人とかけ離れなければ政治家にはなれないとするほうが虚妄なのだ。むしろ『CHANGE』で描かれる〝政治家らしい〟政治家のほうこそが、ウェーバーがあげる政治家の条件を欠いている。

政治家は、ごく普通の言葉で訴え、政・官の前例にとらわれずに常識的な判断をすればよいのだと、ドラマは教える。

プロの政治家はいらない？

ドラマの内容を振り返りながら、国民が理想とする政治家像とは何かを考えてきた。長年、政治記者として政治の世界の只中に身を置き続けてきた人間としては、新鮮に思うところ、教えられるところがいくつもあった。

国民が政治との間に大きな距離を感じているという指摘には、政治家もメディアの人間も、皆我が身を省みる必要があるだろう。国民と同じ目線でものを見ていない、国民の声を聞いていないと認める政治家はいないだろうが、自分の活動が本当に国民の声を反映したものか、それがきちんと国民に届いているか、常に問い直さなくてはならない。朝倉啓太の姿は、政治に関わる者たちがいま一度立ち帰るべき原点を説得的に示していた。

だが、政治家に〝政治家らしさ〟は必要なく、政治家が一般の人々と同じ常識的な感覚を持ち続ければ、政治が正しく運営され、国民と政治との乖離《かいり》は解消されるというのはもちろん極論である。現在の政治の低迷は、第一章で論じたような政治のプロがいなくなったことが大きな原因である。政治から一般人の常識的な感覚が失われてはならない一方で、政治はプロでなければ務まらないのもまた真実なのだ。

どんな世界にでも、システムを動かしていくためのルールが厳然として存在する。ルールが現状に不適合であれば、それを打ち破らなければならない。だが、打ち破るべきルールがそもそもどんなものか、壊す前に知っておかなければならない。どんなルールなのかをきちんと説明できる人や、それを突破するにはどうしたらよいかアドバイスできる人の助けが、当然必要になってくる。

第六話では、小児科医療対策が盛り込まれた予算案を持って閣議に臨んだ朝倉は、反対する大臣を罷免して閣議決定に持ち込もうとした。この場面では、閣議決定は全会一致が原則というルールが存在する。その場で大臣の誰か一人でも反対すれば、決定はできない。総理が大臣の反対を乗り越えて決定に持ち込むには、どうすればいいのか?

そこで、総理大臣には人事権があるという知識が必要になる。総理には大臣を罷免する権利があるから、反対する大臣を罷免してそのポストを総理が兼任し署名すれば、全会一致を達成できる。ドラマでこの知識を朝倉に授けたのは、財務省から出向中の総理秘書官だった。リーダーがどんなに素晴らしい情熱と使命感を持っていても、ルールに精通したスタッフのサポートがなければ政治は動かない。

政局と政策は分けられない

朝倉啓太は、「権力をもちたくて、総理大臣をやってるんじゃない」と、権力を持つことに対して、強い拒否感を示す。彼には政治によって成し遂げたいことがあって、その実現のために総理大臣の権限を行使するだけだ。それに対し、朝倉を妨害する神林が抱く理想の政治像は、まったく提示されない。

神林の秘書は美山に、「永田町が嫉妬と権力欲の世界だってことぐらい、君だってわかってるだろ。それが原動力になって政治は動いてるんじゃないか」、「そこで勝ち残った者がトップに立つ。そして初めて自分の理想とする政治を実現させる」と話す。

端的に言えば、朝倉が政策の人で、神林は政局の人という対比的な描き方である。政局とは、つまり権力闘争のことである。

朝倉はテレビ演説で、「議員は、党や派閥の方針に従うのが当たり前。ある人は、ずっと反対してきた法案を、派閥の先輩議員が賛成に回ったとたん、自分も賛成に回ってしまったんです。そして、その法案が本当に国民のためになったのかどうかは、誰も確かめようとしない」と言うが、これはまさに政局に対する批判だった。

だが本来、政策と政局とは不可分だ。政策を実現するには、多かれ少なかれ権力が必要となる。政策は、正しさだけで実現されるのではない。実現する政治力も欠くことのできない要素である。

自らが正しいと考える政策を実現するために、権力を勝ち取るのが政治家である。政治家は、どんなに政局と無縁であろうとしても、否応なく政争の中に身を置かざるを得ない宿命を負っている。だが、国民の目には、それが国民の利益そっちのけで私利私欲のために行っている不毛な闘争にしか見えていない。

政治家がプロでなくてはならないのと同時に、国民と同じ目線に立つという原点を今一度問い直し、新しい政治家のスタイルを確立することが、今、求められているのではないだろうか。

第五章

政治報道

「消費税なみ」

麻生内閣の支持率が、二〇〇九年二月に九・七パーセントとなった（日本テレビ調査）。

そもそも内閣支持率を毎月調べる月例世論調査は、一九六〇年に読売新聞と時事通信がそれぞれ始めたもので、五十年近い歴史がある。

内閣支持率に着目して政権運営を行ったのは、中曽根康弘首相が最初だった。中曽根は、支持率を高止まりさせておくことに気を配り、政権の安定を図った。

内閣支持率が、がぜん注目されるようになったのは竹下政権末期だった。

リクルート事件で、政界の実力者の多くが未公開株を受けとっていたことが判明し、政治不信が高まった。内閣支持率は軒並み一〇パーセント前後に落ち込み、ある調査では三・九パーセントになった。当時三パーセントだった消費税になぞらえて、「消費税なみ」と言われた。

国民が支持しているかどうかで政権がつくられるようになったのは、海部政権からだった。

海部俊樹の前に首相だったのは宇野《うの》宗佑《そうすけ》だったが、宇野は女性スキャンダルが引き金となって退陣に追い込まれていた。スキャンダルの記憶が生々しいときに、女性問題を抱えていそうな人物を立てることはできなかった。そこで竹下は海部の名前をあげた。金丸がすぐに乗った。

「それがいい。彼なら恐妻家だから女の心配はない。カネの心配もない」

現在、内閣支持率を調べる世論調査は、一カ月に十一回も行われている。

朝日新聞、毎日新聞、読売新聞の全国紙。共同通信と時事通信の通信社二社。産経《さんけい》新聞&フジテレビ、日本経済《にほんけいざい》新聞&テレビ東京《とうきょう》の合同調査。日本《にほん》テレビとTBS、テレビ朝日《あさひ》は独自で行っている。そしてNHKの計十一だ。一カ月に十一回のテスト結果が出てくるようなものである。やり過ぎでないかと思える回数だ。

衆議院で小選挙区制が導入されたことが支持率重視に拍車を掛けることになった。小選挙区では、有権者の半分近くの支持を得なければ当選できない。そのためには、有権者の少なくとも五割以上、あるいは六、七割が支持する政策しか訴えられなくなってしまった。

すると、有権者にとって耳に心地好い政策ばかりが公約とされ、有権者に痛みを与える政策は、選挙がない年を目がけて行われるという、いびつな事態を招いてしまった。消費税を上げてほしいと考える有権者はそう多くないだろう。二〇〇九年に衆議院選挙、二〇一〇年夏に参議院選挙があることが確定しているため、すると二〇一〇年秋から二〇一二年までしか思い切った政策が展開できない。現在の消費税論議で「三年後」（二〇〇八年十月三十日、麻生首相記者会見）という背景は、選挙のない年にということなのである。

世論調査は、民意を知るための、民主主義にとって重要な手段である。しかし、それによって政治は大きくしばられることになった。

「塀の中で取材する」

駆け出しの政治記者時代に朝日新聞の吉田《よしだ》慎一《しんいち》さん（現・常務）が教えてくれたのが、「政治の取材はサシだ」ということだった。一対一、あるいはそれに近い状態でなければ、取材対象が気をゆるすはずがない。また、電話で取材をすませるなということだ。電話取材では、相手の表情はもちろん、どのような状態で話しているかも読み取れない。どうしてもポイントだけの取材になってしまい、話が広がってゆかない。

また、取材で身銭を切ることも大切だ。先方からご馳走《ちそう》になったら、何度かに一度はこちらでご馳走することを心がけた。小沢一郎にご馳走したときは、翌日、「田中事務所で、記者さんにおごってもらったと言ったら、怒られた」と言われた。

また、政治記者とは、「塀の中で取材する」ものだと考えている。

田中判決のときには、判決当日も含め、私は田中角栄邸のなかに何回も入った。目白通りをはさんで反対側の日本女子《にほんじょし》大学前の歩道には、田中の動静を追う報道各社、雑誌の記者やカメラマンが脚立《きゃたつ》を並べて鈴なりになっていた。田中は彼らを「サル」と呼んでいたが、田中邸のなかから見ればそう見えなくもないと思ったものだった。

また、金丸信が東京佐川急便より五億円献金を受けたことを認め、副総裁を辞任した直後の九二年九月十七日夜、私は金丸邸に入った。当日、金丸の誕生会が開かれていて、竹下派の議員が多数訪れていた。竹下登、橋本龍太郎、羽田孜、梶山静六、党幹事長だった綿貫民輔らに加え、加藤六月《かとうむつき》（加藤グループ）、山下徳夫《やましたとくお》（河本派）ら他派の〝金丸親衛隊〟の顔もあった。私はそこで、金丸からたくさんの話を聞いた。

金丸は山梨出身で、帰る際、土産にと、ぶどうを持たされた。表に出ると社会部記者がずらりと並んでいて、私は「ぶどう記者」と大変叩かれた。

しかし私たち政治記者は、どんなに犯罪人扱いされている人物であっても、その人が力を持っていて、政界に影響を及ぼす人であれば、その政治家をそばで見ていることを最優先すべきだと思っている。政治家がいる場所に、記者はいるべきだと考える。

確かにマスコミは権力をチェックすることが基本であるし、批判すべきところは批判しなくてはならない。しかしまず、実態がどうなっているのかを押さえるのが必要だ。実態を解明し、真実に肉薄する。その時点では書けなくとも、いずれ必ず書く。私たちは第三者から見れば、癒着しているのではないかと疑念を持たれるような取材をせざるを得ないときがある。しかし、「いずれ書く」という決意を胸に秘め、実際に書くのであれば、多少危ないことでも法律に違反さえしなければ免罪されると思う。

その取材過程において、一時期書かないこともある。それが政治報道をわかりづらくさせている原因のひとつだが、「自民党幹部」「民主党幹部」とだけ書いて、誰が発言しているのかわからない記事は今でも多い。それを、いちがいには否定できない。オフレコを書いてしまうことによって、そのあと取材ができない関係になるとするなら、すべてを書くことは得策ではないだろう。

しかし、政治記者は、国会内を自由に取材できる記者記章帯用証と記者バッジをもらっている。記者証とバッジをもらうということは、国民を代表して取材しているということだ。オフレコ取材の内容を含んだ「小沢一郎との訣別」を発表するときも強く思ったことだが、そこで得たものは、いずれ国民に還元しなければならない。

記者はキーパンチャーなのか

カシャカシャ、カシャカシャ……。記者会見場で河村建夫官房長官が発言している間、パソコンのキーをたたく音がやむことはない。出席している記者の約三分の一がパソコンを持って入り、質問を発することもなく、ただ、記録している。二〇〇九年二月四日午前、首相官邸の記者会見室の光景だ。

ひさびさに官邸の記者会見を見てみようと思ったのは、知り合いの議員から、次のように言われたからだ。

「最近の記者さんは、記録を取るだけで自分で考えなくなっているんじゃないんですか。まるで『メモ魔』ですよ。記者会見で、まずＩＣレコーダーを置く。その上に、私のほうを見ないでひたすらパソコンのキーをたたいている」

現場の光景はその通りだった。

私が現場にいたころに比べて、取材のツールががらりと変わった。以前はテープレコーダーを使用するのはインタビューか重要な記者会見ぐらいだった。しかし、今や携帯電話、ＩＣレコーダー、パソコンが「三種の神器」。この三つがなくして、取材は成り立たない。

この変化は一九九〇年代の後半からだ。携帯電話、パソコンは九六年から急速に普及、ICレコーダーは二〇〇〇年七月の九州・沖縄サミットで記者団向けのキットに入っていたのがきっかけで、マスコミに一気に広がった。私たちは電話、あるいはファクスで原稿を送ったが、今はパソコンで原稿も写真も送るようになった。

この取材手段の進歩は素晴らしい。心配なのは、キーパンチャーのようになってしまった記者が将来、どうなるのかということだ。私は取材するとき、相手の目や表情を見て、言葉には表れない変化を感じ取る。厳しい質問をしたとき、言葉では平静を装っていても、目が泳いでいたり、表情がゆがんだりしていることはよくあることだ。ささいな変化を見過ごさずに、カンを取るのが重要だと思っている。

また、メモを取っているときなら、記事にしようと思うところにアンダーラインを引いたり、質問しようと思うところにチェックを入れたりすることができるが、パソコンではどうなのだろう。熟練すればできるのだろうが、メモを取るときほど簡単ではない。

知り合いの議員の指摘のように、本当に「考えない記者」が増えているのかもしれない。それと関係があるかどうか、立証できないが、最近、政治記事に誤報が多い。解散時期や組閣人事などで間違った記事を書いてしまう。

これは、政治記者の責任だけでなく、政治家側の責任も大きい。政治記者の責任としては、政治家との人間関係が深まらず、深い話が取れなくなっているようだ。つまり、政治家から、本音や本当の話を聞き出せていない。

政治家の問題としては、「決める政治家」がいなくなったことだ。

私が田中、竹下派の担当をしていた時代は、たとえば金丸信の話を聞いていれば確実な原稿を書くことができた。

ところが今、決める立場にいる政治家が決めたように装っても、実は決まっていないことがたびたび起きている。自民党の細田博之幹事長が「間違いなく十一月に衆議院選」と言っても、そうならない。衆院解散権を持つ麻生首相自身が、はじめは冒頭解散を考えていたけれども実行せず、次に十月末か十一月上旬解散を考えていたのにそれも行わなかった。解散権を持っている首相も、自分の思うようにできず、次々と考えを変えてゆく。これでは、正確な報道はなかなか難しい。

「テレビによく出ている渡部恒三先生です」

「ワイドショー政治」という言葉が使われて久しい。

小泉純一郎の人気を「ワイドショー政治」と説明されることもあったし、前述したように、記憶に新しいところでは、安倍内閣の、松岡利勝農水相の「ナントカ還元水」問題、赤城徳彦農水相の「バンソウコウ」問題が、繰り返しニュースや情報番組、ワイドショーで放映された。放送は安倍内閣にボディブローのように効いて、支持率はじりじりと下がっていった。参議院選で自民党が大惨敗を喫したのは、赤城農水相の「バンソウコウ」映像のためだとも言われた。

それら政治の話題を熱心に伝えたのは、視聴率がとれるからに他ならない。それはすなわち、国民の関心が高い話題だということだ。視聴者が関心を抱くテーマをテレビが報道するのは、理にかなっている。

政治家自身も、以前に比べて頻繁にテレビに登場するようになった。会合が終わって部屋を出た議員がテレビカメラを探す風景も珍しくない。

田中派全盛時代は、テレビに出ることは、むしろ恥ずかしいことだった。テレビに出ている政治家は、仲間から、「ああいうやつには、政治は動かせないんだ」と、軽蔑の言葉が投げられた。政治家はテレビで話すのではなく、永田町でしっかりやるのが仕事だと思われていた。

ところが、テレビが大きな物差しになった。渡部恒三が言っていた。

「地元で、以前なら、『厚生大臣や通産大臣をされた渡部恒三先生です』と紹介されていたのに、今では『テレビによく出ている渡部恒三先生です』と紹介されるんだ」

それは何より、何百万人、何千万人に一斉に伝えることのできる、テレビの影響力の強さのためである。新聞、雑誌、本などに比べ、テレビの影響力は圧倒的だ。しかも、速報性も持っている。

加えて、テレビは誰でも出られるものではない。「選ばれた者」しか出られないことを視聴者も知っていて、そこに希少価値が見出される。それを政治家が利用しない手はない。ますます、政治家はテレビを利用するようになるだろう。

だが、テレビ局側としては、出演する政治家を「ヨイショ」するだけでなく、他の出演者が意見したり、ある場合には、たじろがせたりするぐらいのスタンスでなくてはならない。出演した政治家に言いたい放題言わせるだけで終わらせるのではなく、きちんと政治家の弱点を突くことが必要だ。

とはいっても、テレビが恐ろしいのは、人間性のすべてを伝えてしまうところである。政治家が宣伝になると思って出演していても、視聴者は馬鹿ではない。発言のいかがわしさや嘘《うそ》は、活字ではごまかすことができても、映像では見抜かれる。

テレビに頻繁に出ている政治家が必ずしも選挙に強いとは言えないのは、視聴者に真の姿が見えてしまうからである。

百日ルール

小泉首相は、特殊な能力でマスコミの批判を乗り切ったが、安倍首相、福田首相、麻生首相と、立て続けにマスコミの批判にさらされ、支持率を落としていった。麻生の場合にそれは顕著で、就任からわずか二カ月の期間で起こった。

長く政治を見てきた者として、これが正しいあり方なのだろうかと、疑問を感じる。たとえば、麻生は、漢字が読めないとバッシングされた。それは果たして、国にとって致命的なことだったのか。

これは、一方的にマスコミの責任だけではない。多分に、議員心理にも影響されている面もある。

麻生は、選挙が戦いやすいという理由で自民党総裁に選ばれた。しかし少し評判が悪くなると、地元の有権者たちは、「麻生ではダメだ」と言いはじめる。それを聞いた議員は、麻生と一緒に写っているポスターをはがしはじめた。さらにまた、その議員の姿を見ているマスコミがいる――メディアが有権者を通じて議員心理を動かし、それがまたマスコミ報道を増幅させてゆくのである。議員心理とメディアが一緒に回りはじめると、短時間のうちに過激な方向へと走っていくのだ。

ある官僚が言っていた。

「今の時代、半年、一年先のことを考えた政策はつくれない」

政治報道も同じだろう。政治記者も、新しい話題を提供しなければ注目されない切迫感から、新しい話を求め続ける。話題の賞味期限はますます短くなり、何でも批判する悪循環を生んだ。

「百日ルール」という言葉があった。どんな政権でも、百日は猶予を見ようというものである。政権が始動してまだエンジンがあたたまっていないだろうから、三カ月ぐらい仕事ぶりを見てから、判断しようというスタンスが、かつてはあった。

それが今や、マスコミも国民も、すぐに政権に答えを求め、政権から答えが出される間もなく、また新しい課題を突き付けてゆく。

リーダーを失ってしまうこと、あるいはリーダーに力を発揮させないことは、国益を失うことにつながる。そしてそれは、われわれの生活に跳ね返ってくる。権力者は悪で、権力者を最初に引きずり下ろした者が偉いという風潮がマスコミや国民にあるが、それは、ある面で、大変危険な行為なのである。

リーダーを育て、リーダーを守り立て、国の方向を間違えないようにしようという意識を持つことが、今、政治記者にも国民にも求められているはずだ。

終章

明日の政治のために

日本の電圧が低下

政治が劣化したのは、人のせいなのか、それともシステムの問題なのか。その問いにあらためて立ち返るとき、やはり私は、「人」の持つ比重が大きいと考える。

もちろん、様々な制度改革によってもたらされる影響は大きい。だが、政治分野において、政治改革論議以降、政治の質を考える時の論議が制度論に傾きすぎていると思っている。

こんな仮定を立ててみよう。同じ環境、制度下に二人の政治家がいて、同じ場面に遭遇した。二人の政治家は、常に同じ決断を下すだろうか。むしろ、違う判断をし、違った行動をとるケースのほうがはるかに多いと思う。

そもそも、人間は制度が前提としているように、常に論理的に行動しているのだろうか。人間社会で起こることで論理だけで説明がつくことがどれくらいあるだろうか。計量化できないが、おそらく、合理的に説明できるのは半分以下だろう。

とりわけ、政界では1＋1が2になることはめったにない。1＋1が結局反発し合ってゼロ以下のマイナスになることも、予想もしない成果が生まれ10となることもある。実際にやってみるまで、その果実は分からないのだ。

何故なら、政治行動は、知性や発想、生きてきた歩み、局面の判断能力など、様々な要素が総合され、生み出される。誰にも、あるいは自分でも、その局面を迎えるまでどういう判断をするか分からないのだ。と考えれば、システムよりも人間の重みのほうが大きいと言わざるをえない。

その重さにかかわらず、政治家の質は年々歳々、落ちてきた。目を凝らせば、自民、民主両党の若手にこれから伸びてくるだろうと期待を抱かせる人材はいるのだが、必ず伸びると断言できる自信はない。全体を見渡すと、政治家の劣化は危機ラインを超えて絶望的に思えてくるほどだ。

私は自分の目と耳で確かめた田中角栄をはじめとする、金丸信、竹下登、梶山静六、小泉純一郎、あるいは小沢一郎らの姿をふり返ってきた。彼らは政治のそれぞれの局面で、ある種の凄《すご》みを見せつけた。会うだけで緊張させられた政治家もいた。しかし、そのような政治家は、だんだんいなくなった。

こう思ってしまうのは、私が歳を取り、さまざまな経験を積む中で老化してしまって、才気あふれた政治家を見いだせなくなっているからなのかもしれない。そう自戒して、若い記者諸君に聞いても、すごいと思わせる政治家はいないと言う。だとしたら、政治家の劣化が進んでいる原因は何だろうか？

日本人の質を考える上で、ずっと気になっている言葉がある。作家の司馬遼太郎《しばりょうたろう》さんが講演で語ったことだ。

「近ごろ、頼りなさそうな、かげろうのような青年が増えてきた気がしています。こういう人々が、はたして立派な市民として将来やっていけるだろうか。日本全体の電圧が低下しているのでしょうか」（『司馬遼太郎が語る日本』）

日本全体の電圧が低下している――。一九八五年八月八日、高知県で開かれた「坂本《さかもと》竜馬《りょうま》生誕百五十周年記念講演」で語られた言葉だが、確かに、そうかもしれない。なぜ、電圧が下がったのか。

それは、太平洋戦争を抜きにして語れないと思う。戦争をしてはいけないに決まっている。しかし、私が知っている凄みのある政治家には、太平洋戦争をかいくぐってきた人たちが多かった。彼らは戦場で、生きるか死ぬかを体験し、尋常でない危機を乗り越えてきていた。そのことによって、彼らは結果的に自らを鍛えたのではないか。

人間はおそらく危機に直面して、それを克服しなければ成長しない。私は、もう一度、戦争をすればよいと言いたいわけではない。しかし、戦争という強烈な極限状況をかいくぐったことによって、しかも、勝ったのではなく多くの人命を失う敗北を喫したことによって、日本人はトータルに鍛えられたのではなかろうか。少なくとも、今は、戦争を体験した人たちが少なくなっている事実だけは、押さえておかなければならないと思う。

尊敬されない職業

ふたつ目に、政治への人材供給が減っていることだ。日本国民のなかに絶えず優秀な人間が一定数いると仮定すると、そのなかから、政治の世界に入ろうという人が少なくなってきていると考えざるを得ない。

その原因は、政治家が尊敬される職業でなくなってしまったからだと思う。「はじめに」で触れた朝日新聞の世論調査では、「何を信用するか」で上位に家族、天気予報、新聞などが並び、政治家、官僚は宗教よりも低い最下位クラスだった。もはや政治家は、国民から尊敬されたり、信用されたりする職業ではなくなってしまった。

そのせいだろう、優秀な人間は、あえて政治の世界へ参入しなくなった。渡部恒三民主党最高顧問の長男恒雄《つねお》は政治家を目指していない。恒雄は三井《みつい》物産《ぶっさん》戦略研究所の主任研究員だ。渡部恒三は言った。

「うちの息子は、自分で食っていけるから政治家にならねえんだ。自分で食っていけねえやつが、政治家になるんだ」

国会議員の仕事は大変きつい。二十四時間労働で、土日の休みもない。加えて、議員の能力・人格は常に評価の対象となる。議員は絶えず有権者の目を意識し、地元でも金集めでも頭を下げなければならない。サラリーマンのほうがはるかに楽だろう。

彼らの生活ぶりを見ても、二十年ほど前の国会議員は一軒家を構える人が多かったが、今、自分で家を建てられる政治家は少なくなった。民主党議員はほとんどが議員宿舎住まいをしている。資産もすべて公開しなければならない。歳費も二千二百万円で、決して莫大ではない。

収入、資産を見ても国会議員は憧れの仕事といえなくなった。

政治家が尊敬されなくなった背景には、私たちマスコミが国会議員を叩き続けてきたこともある。

権力をチェックし、批判することは、メディアに課せられた義務だ。だが、小さな批判ばかりが先行し、結果として、国会議員への希望や期待を失わせる働きをしていたのでないか。国会議員を育てるという意識を、メディアも持たなければならないのではないか。

人を鍛えるシステムづくり

私は本書で、たびたび派閥への郷愁を書いた。派閥政治は、汚職の温床となったり、政治が権力闘争となったりする諸悪の根源であるという批判は多い。しかし、政治家同士は派閥抗争でしのぎを削り、知力と精神力の限りを尽くして戦った。そのなかで政治家が鍛えられたのは間違いない。

組織内の競争原理を政界と民間で比べてみよう。民間会社では、採用したのが失敗だったと分かると、早い段階にラインから外す。その後、仕事ぶりを見て、左遷したり、昇格したように見せて実質権限がない部門に移したり、様々な手を使って役員となる人物を絞り込んでいく。実は不公平な人事をいかに公平に見せて、あるいは重用しているように見せて、本人のモチベーションを下げないようにすることが人事担当者の腕の見せどころだ。

民間会社は他社との競争に常にさらされているので、組織内での競争原理を働かさなければあっという間に存立が危うくなる。政治家は選挙のたびに国民の審判を受ける厳しさはあるが、政党内の競争は、派閥同士の抗争が少なくなった今はそう激しくない。

自民党にはかつて派閥の大親分がいて、たとえば田中角栄は小沢一郎を派閥の事務局長、選挙実務を担当する党の総務局長、与野党折衝の要である議院運営委員長に就けた。田中は自分のことを、「馬喰《ばくろう》」と呼んでいた。馬喰とは「馬や牛のよしあしを見分けたり、病気を治したりした人」（大辞林）。小沢にとって、田中の後に馬喰になってくれたのは金丸信で、金丸は小沢を自民党幹事長、竹下派会長代行、それに総裁候補に取り立てた。

小沢の栄進は田中と金丸という馬喰なくして考えられないことだ。だが、田中と金丸のあと、政界から、これと思った人材を発掘し育てる馬喰がいつの間にか消えた。

こう書いてきて、やや不安になるのは「国会議員は育てるものか、育つものか」という疑問がいまだに解けないことだ。小沢は馬喰に恵まれて育った。ところが、馬喰に恵まれても育たない議員がいた。

以前、梶山静六元官房長官と、ある議員、それに私の三人で食事をしたとき、梶山はその議員に噛《か》んで含めるようにして田中角栄との対決、創政会結成の内幕を話した。こんなに丁寧に教えているのだから、この議員はそれを吸収し、大成するに違いないと思った。だが、この議員のその後を見ると、大臣になったものの、総裁候補となることはなかった。

梶山の教えを聞いて、それを自らの血と肉にする能力がなかったのである。どうやら、その人物に「育つ力」がなければ、人間は育たないようだ。

それはともあれ、派閥の機能が著しく低下した現在、自民党が党として人材を発掘し、リーダーを育てることが必要ではないか。たとえば、執行部の交代とは関係なく、議員の働きぶりを常時、評価し、時の人事権者に具申する長老が数人いればいい。

かつての自民党ならば、おおむね衆院当選二、三回で政務次官、三、四回で部会長、四、五回で国会の常任委員長、五、六回で閣僚となるという暗黙のシステムがあった。そのなかから閣僚を複数回経験したり、自民党三役になったりして首相候補として認知されるようになった。

しかし、二〇〇一年一月から中央省庁再編と同時に副大臣・政務官制度が導入される一方、同年四月に首相に就任した小泉が大胆な抜擢人事を行ったため、「年功序列型人事」の破壊が進んだ。厚生大臣と郵政大臣の経験しかない小泉の登場自体が自民党の秩序破壊だった。しかし、抜擢人事の成否は抜擢された人物の能力に相当左右され、人事権者の目が曇っていると、政権運営に支障を来すことを安倍、福田、麻生政権は示している。

ならば、自民党の年功序列型人事制度の良さも思い浮かべてみたらどうか。議員としての基礎訓練をきちんと積ませる過程で、さまざまな人の評価を受けながらポストに就けていく。竹下登のような人が存在するなら別だが、現在は党で認知された人がその役割を担うほかない。

政治に学ぶ

組織を動かす上で、政治取材で学んできたことを列挙しておきたい。

「怒るときは一対一、人の見えないところで。褒《ほ》めるときは、みんなの前で」

田中角栄元首相から聞いたことだ。私も心掛けてきたことだが、同僚には多くの人の前で部下を叱り飛ばす人がいた。それでは、人が育たない。叱る目的は何か。それは過ちを犯した人がふたたび同じような過ちを犯さないようにするためだ。本人がしまったと気付かなければ、同じことが起こるわけだから、本人が覚醒するように怒らないといけない。一対一で怒るのはその基本となることだ。

次に、「反対勢力のトップを放逐しない」ことだ。対立が深まると、敵をたたき出せという衝動に駆られる。そして、実際にたたき出すと、当座は結束が強まる。しかし、しばらくすると、その組織は次第に弱体化し、危機への対処能力が極めて弱くなる。

竹下派分裂のときがそうだった。竹下派を割った小沢たちは自民党を離党することになるが、竹下派に残った人たちは小渕派を形成した。そこから、橋本龍太郎、小渕恵三という二人の首相を輩出したが、その後が続かなかった。組織の厚みを保つために、分裂はできるだけ避けた方がいい。

最近、気付いたことだが、組織のトップとなった人は「側近の二度目の進言は聞かない」ほうがいいのではないか。二〇〇八年秋の臨時国会における、麻生首相と、大島理森《おおしまただもり》自民党国対委員長の関係を見てそう思った。

麻生は大島に全幅の信頼を寄せ、国会運営を委ねた。大島も忠勤に励み、麻生は衆院解散をちらつかせることで、二〇〇八年度第一次補正予算案に民主党も賛成した。しかし、第二次補正予算案の提出時期をめぐって、麻生は臨時国会提出に前向きだったが、大島は強く反対した。その結果、民主党から「景気対策をやると言いながら第二次補正予算案を出さない。筋道の通らない、国民に対する背信行為だ」と攻撃され、守勢に立った。対民主党との関係において、これが大きな失敗だった。

政府・与党は二〇〇八年十二月に第二次補正予算案を提出し、民主党が審議に協力しないなら、「民主党こそ、景気対策に不熱心」と攻撃すべきだった。麻生が大島の進言を退けていたなら、自民、民主両党の攻防は攻守逆転していたに違いない。

トップは側近を重用しがちだ。しかし、側近が常に正しい進言をするとは限らず、進言通りにしていると側近が思い上がる可能性も出てくる。二度目とは断定しないが、トップは時には側近の進言通りにはしないぞ、というポーズを取ってみることも重要だ。

最後にもう一つ、梶山静六から教えられ、政治をウォッチする上で、肝に銘じている言葉がある。

「絶対はない」

梶山は「絶対はない」ことを敗戦体験から学んだ。梶山は志願して職業軍人となり、いったんは国家のために散華《さんげ》することを決意した。ところが、敗戦を迎えると、彼の決意は、「皇国」「神国」と信じていれば戦争に勝つことができるという、日本を覆っていた精神主義の表出でしかなかった。

国家すら信じられなくなった、彼らの世代と、私の世代では経験に相当の差がある。しかし、私は、自分に絶対はないと言い聞かせることで、事柄が終わるまで気を抜かずに慎重に取材し、原稿も先走りしないようにしてきた。それで、幾つかの失敗をせずに済んだ。

それでも、政治に期待する

最後に政治と政治家のありようを考えてみたい。

まず、首相の座に就く人にお願いしたい。

右手で最高の権力を握ったと同時に、左手では最高の倫理観と国民の最も厳しい監視を握ってしまったことを認識してほしい。就任すると、マスコミなどからたびたび「首相のリーダーシップ」を求められるせいか、それとも最高権力者の座に就いた高揚からか、指示を連発し権力を振り回す首相がいる。それも必要だろう。しかし、同時に、普段の立ち振る舞いにおいて、より高い倫理性が求められる。

「厳しい経済情勢の中にあって、苦労多く新年を迎えている人々が多いのではないかと案じていますが、この年が国民にとり少しでもよい年になるよう願っています」

「新年、明けましておめでとうございます。それぞれにいい正月を迎えられたことと存じます」

前者の言葉は、景気悪化で苦しむ国民の痛みに思いを馳せて慈愛に満ちているのに対し、後者の言葉は「それぞれにいい正月を迎えられた」と極めて楽観的に語っている。前者は天皇陛下が二〇〇九年一月二日、新年一般参賀で述べられた挨拶だ。後者はその二日後、四日の年頭記者会見での麻生太郎首相の冒頭発言だ。首相の言葉に、この人は国民生活のことが分かっているのだろうかと疑問を抱いた方も少なくないだろう。

こういうことで、国民の首相に対する信頼感が壊れていく。国民は強いリーダーシップを発揮する首相を求めるだけでなく、自分たちのことを分かってくれる、国民の痛みを自分の痛みとする首相も求めている。

国会議員にお願いしたい。

歴史に学び、日々研鑽を積むことは言うまでもない。あえて、申し上げたいのは記者との関係だ。記者はいずれ書くのが仕事であることを理解してほしい。

報道しない記者など存在するはずがない。議員が腹立たしくなることもあるだろう。しかし、国民は、国会議員がいかに自分で情報発信しようとも素直に信用してくれるわけではなく、第三者である記者の目を通した事実を信頼する。インターネットの時代となり、誰もが直接情報を発信するツールを手に入れたとはいえ、情報の精度を測り、複数の情報から真実を見いだすことは記者以外にはできない。だから、政治家には、記者にできるだけ丁寧に説明する度量が求められる。田中角栄はこう言っていた。

「マムシは、懐に入れてもマムシだ」

そのとおりだ。私もマムシだ。議員とどんなに親しくなろうとも、問題があれば時機を見て書くという心を忘れたことはなかった。田中はそうと知りつつ、それでも私たちと定期的に会って話した。最近、記者と対立する国会議員が散見されるが、議員と記者の役割の違いを十分に認識して、情報を隠すのではなく、知らせてほしい。それでなければ、あなた方、議員の姿は国民に伝わらない。

記者諸君にお願いしたい。

議員に対する敬意を忘れないでほしい。三十年間、政治取材をしてきて、ささやかなことだが、自分なりに気をつけてきたことだ。国会議員は、衆議院の場合、十万人前後の有権者に自分の名前を書かせて国会にやってきた。つまり、十万人前後の人々の期待を背負った、一国一城の主である。記者は、自分が一体何人の人に名前を書いてもらえるか、考えてみるがいい。政治家を批判する経済団体幹部もそうだ。私は後輩記者に「国会議員の名前を呼び捨てにしないこと。絶えず、さん付けで呼ばなければいけない」と話している。国会議員には敬意を払った上で批判する――。こう、肝に銘じたい。

最後に国民にお願いしたい。

自分には到底できないことを政治家に要求しないでほしい。「寛容」という言葉を時折、思い出してほしい。漢字の誤読は私にだってある。「旗幟鮮明」を「きしょくせんめい」と読んで、大物政治家から「『きしせんめい』と読むんじゃないか」と言われて、真っ赤になってしまったことがある。本当に恥ずかしかった。以来、間違わなくなったが、間違っているとそっと教えることがあってもいいのではないか。

完璧な人間がいないように、完璧な国会議員もいない。記者も、国民もそうだ。それを踏まえた上で、国会議員、国民、記者がそれぞれ理解し合いながら、立て直していく以外に政治を再生させる道はない。

「政治は三流」ですんだ時代は終わった。政治は、より私たちの生活に直結する時代となった。政治が少しでも良くなるよう、知恵を絞ろう。

そして、若く優秀な人たちよ、政治の門を、ためらわず叩いてほしい。

あとがき

この本は私が見てきた三十年の政治の総括であると同時に、「自分史」でもある。自分のことを書くのにためらいもあった。だが、国民にとって政治家が遠い存在であるように、政治記者もとっつきづらい、あるいは胡散《うさん》臭い人間と思われているのではないか、私の生き方が取材活動と密接不可分であることを思い、私の家庭のことにも触れた。

この原稿を書き終えるにあたり、『文藝春秋』に「小沢一郎との訣別」を書いた時の家族の心境を聞いた。すると、家族全員、私が会社をクビになると思い込み、教員をしていた妻は自分の収入だけで家のローンを返済し暮らしていけるかどうか、長男は通っていた私立大学をやめ防衛大学校に入り直そうか、高三の長女は大学進学をあきらめるか、それぞれ悩んでいたそうだ。「なんとかなるさ」と呑気《のんき》に構えていたのは私一人だった。

私は会社に入る前、大学二年の時、三里《さんり》塚《づか》闘争で凶器準備集合罪で逮捕され、十三日間、千葉県警の警察署で留置された。名前が無くなり番号で呼ばれ、トイレも見られている屈辱を味わい、もう就職も無理だろうなと思っていたら、時事通信社に合格した。会社に入って二年後に会社を訴え、にもかかわらず、政治部で引き受けてくれ、政治部の中心で働いていると、今度は「小沢一郎との訣別」を書いてしまった。それで処分され、これでおしまいだろうとみられていた。

しかし、整理部で約八年間勤務したとき、たまたま上のポストが空き、整理部長、編集局総務、解説委員、編集局ナンバー2の局次長、二〇〇六（平成十八）年六月から現職の解説委員長に就いた。その間もずっと政治取材を続けていたが、他社の人から「復活したね」と言われた。私は同業者から、バカなことをしたもんだと、哀れみと同情の目で見つめられていたようだ。同年十月からフジテレビの情報番組『ハッケン!!』、続いて『サキヨミLIVE』や、テレビ朝日の『報道ステーション』などに出演するようになって、知人から「現場を取材していた頃はテレビに一番不向きに思えたのに……」と驚かれた。

学生運動から時事通信社員としての曲折を、理由を付けて一本の線で結べと言われてもとてもできない。過去の私も、今の私も、私自身です、と申し上げるほかない。唐突に見える行動は、その時々で懸命に生きた結果だと。この本を書くに当たり、自分が書いてきた文章を読み直したが、人生の歩みの中でその時しか書けない文章は確かにあると思った。

その過程で上司にも仕事仲間にも、出版社やテレビ局など社外の知人、そして家族にも大変に恵まれた。と同時に、運が良かった。私とかかわったすべての方に、感謝の誠を捧げたい。

この本は文春新書編集部の鈴木洋嗣部長の強い勧めと励ましがなければ日の目を見ることはなかった。また、船越博貴統括次長、坂本一馬部員にはひとかたならぬお手伝いをいただいた。厚く御礼を申し上げる。

ドラマ『ＣＨＡＮＧＥ』の台詞は、フジテレビ、脚本家の福田靖さんの許可をいただき、脚本から引用した。最後になったが、肩書きは当時のもので統一し、初出後は敬称を略したことをお断りしたい。

二〇〇九年二月

田﨑史郎

引用・参考文献

本書執筆に当たっては多くの書籍、雑誌、新聞を参照したが、代表的なものを以下に挙げ、引用・参考文献としたい（順不同）。

福田靖『ＣＨＡＮＧＥ』脚本（フジテレビ、非売品）
伊藤惇夫『民主党――野望と野合のメカニズム』（新潮選書）
石川真澄『戦後政治史』（岩波新書）
星浩『自民党と戦後――政権党の50年』（講談社現代新書）
芹川洋一『政治をみる眼　24の経験則』（日経プレミアシリーズ）
東照二『言語学者が政治家を丸裸にする』（文藝春秋）
佐々木毅（編著）『政治改革１８００日の真実』（講談社）
週刊朝日増刊号『司馬遼太郎が語る日本』（朝日新聞社）
ジェラルド・カーティス『政治と秋刀魚――日本と暮らして四五年』（日経ＢＰ社）
マックス・ヴェーバー『職業としての政治』（岩波文庫）
田﨑史郎『竹下派　死闘の七十日』（文春文庫）
田﨑史郎『梶山静六　死に顔に笑みをたたえて』（講談社）

田﨑史郎（たざき しろう）

1950年福井県生まれ。中央大学法学部法律学科卒業。73年、時事通信社入社。経済部、浦和支局を経て79年から政治部。82年4月から田中派を担当。以来、田中派、竹下派、橋本派を中心に取材。政治部次長、編集委員、編集局次長などを経て、現在、時事通信社解説委員長。著書に『竹下派　死闘の七十日』（文春文庫）『梶山静六　死に顔に笑みをたたえて』（講談社）などがある。

文春新書

687

政治家失格《せいじかしっかく》
——なぜ日本の政治はダメなのか

2009年(平成21年)3月20日　第1刷発行

著　者　田　﨑　史　郎
発行者　細　井　秀　雄
発行所　株式会社　文　藝　春　秋

〒102-8008　東京都千代田区紀尾井町3-23
電話（03）3265-1211（代表）

印刷所　理　想　社
付物印刷　大　日　本　印　刷
製本所　大　口　製　本

定価はカバーに表示してあります。
万一、落丁・乱丁の場合は小社製作部宛お送り下さい。
送料小社負担でお取替え致します。

ISBN978-4-16-660687-0

◆政治の世界

美しい国へ　安倍晋三
農林族　中村靖彦
牛肉と政治 不安の構図　中村靖彦
日本のインテリジェンス機関　大森義夫
首相官邸　江田憲司 龍崎孝
永田町「悪魔の辞典」　伊藤惇夫
知事が日本を変える　浅野史郎 北川正恭 橋本大二郎
田中角栄失脚　塩田潮
政治家の生き方　古川隆久
昭和の代議士　楠精一郎
女子の本懐　小池百合子

＊

日本国憲法を考える　西修
憲法の常識 常識の憲法　百地章
駐日アメリカ大使　池井優
非米同盟　田中宇
第五の権力 アメリカのシンクタンク　横江公美
アメリカに「NO」と言える国　竹下節子
CIA 失敗の研究　落合浩太郎
ヒラリーをさがせ！　横田由美子
ジャパン・ハンド　春原剛
常識「日本の安全保障」　『日本の論点』編集部編
拒否できない日本　関岡英之
夢と魅惑の全体主義　井上章一

◆さまざまな人生

斎藤佑樹くんと日本人　中野翠
麻原彰晃の誕生　髙山文彦
種田山頭火の死生　渡辺利夫
植村直己 妻への手紙　植村直己
植村直己、挑戦を語る　文藝春秋編
天下之記者「奇人」山田一郎とその時代　高島俊男
評伝 川島芳子　寺尾紗穂
花の男 シーボルト　大場秀章
最後の国民作家 宮崎駿　酒井信

◆世界の国と歴史

民族の世界地図　21世紀研究会編
新・民族の世界地図　21世紀研究会編
地名の世界地図　21世紀研究会編
人名の世界地図　21世紀研究会編
常識の世界地図　21世紀研究会編
イスラームの世界地図　21世紀研究会編
色彩の世界地図　21世紀研究会編
食の世界地図　21世紀研究会編
法律の世界地図　21世紀研究会編
国旗・国家の世界地図　21世紀研究会編
ローマ人への20の質問　塩野七生
ローマ教皇とナチス　大澤武男
物語 古代エジプト人　松本 弥
物語 オランダ人　倉部 誠
物語 イギリス人　小林章夫
ドリトル先生の英国　南條竹則

森と庭園の英国史　遠山茂樹
フランス7つの謎　小田中直樹
ロシア 闇と魂の国家　亀山郁夫 佐藤 優
パレスチナ　芝生瑞和
イスラーム世界の女性たち　白須英子
不思議の国サウジアラビア　竹下節子
ハワイ王朝最後の女王　猿谷 要

＊

空気と戦争　猪瀬直樹
戦争学　松村 劭
新・戦争学　松村 劭
名将たちの戦争学　松村 劭
ゲリラの戦争学　松村 劭
戦争の常識　鍛冶俊樹
戦争指揮官リンカーン　内田義雄
ミサイル不拡散　松本 太
二十世紀をどう見るか　野田宣雄

＊

歴史とはなにか　岡田英弘
歴史の作法　山内昌之
大統領とメディア　石澤靖治
セレブの現代史　海野 弘

(2008. 12) B

昭和史入門　保阪正康
昭和十二年の「週刊文春」　菊池信平編
昭和二十年の「文藝春秋」　文春新書編集部編
「昭和80年」戦後の読み方　中曾根康弘・西部邁・松井孝典・松本健一
二十世紀日本の戦争　阿川弘之・猪瀬直樹・中西輝政・秦 郁彦・福田和也
零戦と戦艦大和　半藤一利・秦 郁彦・前間孝則・鎌田伸一・戸髙一成・江畑謙介・兵頭二十八・福田和也・清水政彦
十七歳の硫黄島　秋草鶴次
特攻とは何か　森 史朗
銀時計の特攻　江森敬治
日本兵捕虜は何をしゃべったか　山本武利
幻の終戦工作　竹内修司
東京裁判を正しく読む　牛村 圭・日暮吉延
誰も「戦後」を覚えていない　鴨下信一
誰も「戦後」を覚えていない［昭和20年代後半篇］　鴨下信一
あの戦争になぜ負けたのか　半藤一利・保阪正康・中西輝政・戸髙一成・福田和也・加藤陽子
戦後10年 東京の下町　京須偕充
米軍再編と在日米軍　森本 敏
同時代も歴史である 一九七九年問題　坪内祐三

プレイバック1980年代　村田晃嗣
シェーの時代　泉 麻人

＊

歴史人口学で見た日本　速水 融
コメを選んだ日本の歴史　原田信男
閨閥の日本史　中嶋繁雄
名前の日本史　紀田順一郎
骨肉 父と息子の日本史　森下賢一
名歌で読む日本の歴史　松崎哲久
名字と日本人　武光 誠
日本の童貞　渋谷知美
日本の偽書　藤原 明
明治・大正・昭和 30の「真実」　三代史研究会
明治・大正・昭和史 話のたね100　三代史研究会
真説の日本史 365日事典　楠木誠一郎
日本文明77の鍵　梅棹忠夫編著
「悪所」の民俗誌　沖浦和光
旅芸人のいた風景　沖浦和光

貧民の帝都　塩見鮮一郎
史実を歩く　吉村 昭
手紙のなかの日本人　半藤一利
平成人（フラット・アダルト）　酒井 信